MEDITACIÓN

Técnicas para mejorar el sueño

(Espiritualidad para principiantes)

Eliot Raya

Publicado Por Daniel Heath

© **Eliot Raya**

Todos los derechos reservados

Meditación: Técnicas para mejorar el sueño (Espiritualidad para principiantes)

ISBN 978-1-989853-79-5

Este documento está orientado a proporcionar información exacta y confiable con respecto al tema y asunto que trata. La publicación se vende con la idea de que el editor no esté obligado a prestar contabilidad, permitida oficialmente, u otros servicios cualificados. Si se necesita asesoramiento, legal o profesional, debería solicitar a una persona con experiencia en la profesión.

Desde una Declaración de Principios aceptada y aprobada tanto por un comité de la American Bar Association (el Colegio de Abogados de Estados Unidos) como por un comité de editores y asociaciones.

No se permite la reproducción, duplicado o transmisión de cualquier parte de este documento en cualquier medio electrónico o formato impreso. Se prohíbe de forma estricta la grabación de esta publicación así como tampoco se permite cualquier almacenamiento de este documento sin permiso escrito del editor. Todos los derechos reservados.

Se establece que la información que contiene este documento es veraz y coherente, ya que cualquier responsabilidad, en términos de falta de atención o de otro tipo, por el uso o abuso de cualquier política, proceso o dirección contenida en este documento será responsabilidad exclusiva y absoluta del lector receptor. Bajo ninguna circunstancia se hará responsable o culpable de forma legal al editor por cualquier reparación, daños o pérdida monetaria debido a la información aquí contenida, ya sea de forma directa o indirectamente.

Los respectivos autores son propietarios de todos los derechos de autor que no están en posesión del editor.

La información aquí contenida se ofrece únicamente con fines informativos y, como tal, es universal. La presentación de la información se realiza sin contrato ni ningún tipo de garantía.

Las marcas registradas utilizadas son sin ningún tipo de consentimiento y la publicación de la marca registrada es sin el permiso o respaldo del propietario de esta. Todas las marcas registradas y demás marcas incluidas en este libro son solo para fines de aclaración y son propiedad de los mismos propietarios, no están afiliadas a este documento.

TABLA DE CONTENIDO

Parte 1 1

Introducción 2

Capítulo 1: La Necesidad De Meditaciones De 5 Minutos.... 6

Capítulo 2: El "Qué" De Las Meditaciones De 5 Minutos ... 16

Capítulo 3: Las Meditaciones De Cinco Minutos 25

Capítulo 4: Consideraciones Importantes Durante La Meditación. 43

Conclusión 47

Parte 2 49

Introducción 50

Capítulo 1: Empezando Con La Meditación 55

Capítulo 2: Beneficios De La Meditación 62

Capítulo 3: Meditación Para El Crecimiento Espiritual 65

Capítulo 4: Meditación Para Relajación 70

Capítulo 5: Meditaciónpara Concentración Y Visualización 75

Capítulo 6: Meditaciónpara Conciencia Plena Y Exploración Del Cuerpo 81

Capítulo 7: Meditaciónpara La Transcendencia 88

Capítulo 8: Meditaciónpara Cultivar Emociones Específicas 95

Capítulo 9: Meditaciónpara Autosanación 102

Capítulo 10: Meditación Usandovipassana 109

Capítulo 11: Meditación En Movimientotai Chi 117

Capítulo 12: Meditación En Movimiento - Caminar 124

Capítulo 13: Suministros Para La Meditación 131

Capítulo 14: Prácticas Diarias Demeditación 147

Capítulo 15: Tópicos Especiales 152

Conclusión 179

Parte 1

Introducción

¿Eres parte de esa tribu de personas a las que les resulta casi imposible sacar un poco de tiempo para la meditación simplemente porque hay muchas cosas "más importantes" en el lugar de trabajo que merecen más tiempo invaluable?

¿Tienes la ilusión de que la meditación implica ir a un monasterio y permanecer sentado durante largos períodos de tiempo en busca de la buscada "paz interior" que supuestamente es crucial para garantizar una vida de perfecta satisfacción y armonía?

Te equivocas si respondiste "sí" a las dos preguntas anteriores.

Hay tantas dolencias a las que nos hacemos vulnerables, ignorantes de los efectos negativos de esforzarnos demasiado para alcanzar nuestras metas. El "estrés crónico" del asesino silencioso moderno es el corredor principal entre ellos y no hay absolutamente mejor manera de combatirlo que usar el poder sin paralelo de la meditación.

Pero, espera un minuto. ¿No hemos establecido firmemente la falta absoluta de tiempo cuando se trata de hacer algo como la meditación?

Permítanme primero desglosar esos establecimientos firmes.

El hecho de que hayas leído este libro significa que en algún lugar en el fondo sí quieres algo de la paz y la calma que se sabe que trae la meditación.
En este libro, aprenderá cómo solo se necesitan unos míseros 5 minutos al día (sí, solo cinco minutos) para cambiar el estado mental de nuestro cerebro de estresante a uno de gran paz y tranquilidad. Los efectos, por supuesto, son mucho más encantadores de lo que jamás hubiera imaginado. No solo estará libre de ese constante y molesto estrés, sino que también descubrirá que ha escapado al martillo de la susceptibilidad a enfermedades como la presión arterial, el

ataque cardíaco y el derrame cerebral.

También se regocijará en niveles más altos de creatividad y productividad una vez que se haya empapado positivamente de los beneficios de las meditaciones de 5 minutos de valor incalculable que discutiremos a lo largo de este libro. Verás que la calidad de tu sueño mejorará enormemente y estarás listo para enfrentarte al mundo con una mayor sensación de dinamismo.

Si alguna vez pensó que mejorar su trabajo significaba trabajar más duro, estaba equivocado. Realmente significa "trabajar de manera más inteligente" y esto es exactamente lo que este libro le ayudará a lograr. Al aprovechar el poder de estas meditaciones efectivas de cinco minutos, descubrirá que realmente tiene los niveles de concentración que se requieren para que pueda hacer el mismo trabajo mucho más rápido.

Eso es lo que realmente importa al final, ¿no? La capacidad de ser más eficiente en el trabajo de uno. Además, encontrará que los beneficios se extienden a su vida personal también. Tendrá mejores relaciones personales y una vida marcada con un mayor sentido de felicidad en general.

¡Comencemos, entonces, descubriendo las perlas de sabiduría que contiene este libro!

Capítulo 1: La necesidad de meditaciones de 5 minutos

Como nos hemos referido brevemente en la introducción, el estrés crónico se ha convertido en un asesino importante en el lugar de trabajo. Comprendamos lo peligroso que es esta némesis silenciosa, en nuestro deseo de hacerte ver por qué la meditación es un requisito indispensable de una vida ocupada.

Hay diferentes maneras en que el estrés puede manifestarse en individuos que trabajan demasiado y sin piedad. Echemos un vistazo a estas manifestaciones basadas en las características que pueden exhibir:

Emocional

Una persona que está estresada parecerá estar anormalmente emocionaly deprimida en el trabajo. Tienden a sentirse cada vez más decepcionados de sí mismos cuando las cosas no salen bien, en lo que respecta a su trabajo, y son más sensibles y agresivos en general. A menudo son retirados y exhiben cambios de humor que son alarmantemente diferentes en su naturaleza. Tienen un sentido de motivación mucho menor y también menores niveles de confianza. El hecho de que se guardenen sí mismos no es porque sean solitarios, sino porque tienen un problema crónico subyacente que resulta en un tipo de comportamiento similar.

Mental

En lo que se refiere al ámbito mental, las personas con estrés crónico son realmente las más indecisas y confusas. Tienen niveles de concentración mucho más bajos de lo normal y su memoria no está en su mejor estado.

De comportamiento

También hay varios cambios de comportamiento, que exhibirá una persona que sufre de estrés crónico, como hábitos alimenticios erráticos y nerviosismo. Incluso pueden recurrir al consumo excesivo de tabaco o bebida para hacer frente al aumento de los niveles de estrés a los que se ven sometidos y, con toda probabilidad, llegar más tarde a la oficina y despegar antes de lo habitual, en su mayor parte.

Si se encuentra sufriendo la mayoría de los síntomas anteriores, probablemente necesite esas técnicas de meditación de 5 minutos que analizaremos más adelante en este libro. Aparte de estos signos muy obvios de que uno está demasiado estresado, hay efectos físicos del estrés que también podría manifestarse más adelante, y seguramente querrá evitar sucumbir a ellos. Echemos un vistazo a ellos para entender por qué necesitamos evitar el estrés a largo plazo.

Los efectos físicos del estrés a largo plazo

• Efectos sobre el sistema nervioso. Encontrarás que todo el estrés que se ha estado introduciendo lentamente en tu sistema te está haciendo mucho más daño de lo que nunca pensaste que sería. Es posible que se enfrente al peligro real de ser sometido a altos niveles de ansiedad si el estrés crónico al que se está sometiendo no se controla a tiempo.

Además, la ansiedad es un precursor de una condición de depresión muy perturbadora y cuando te encuentras plagado de todo esto, es posible que te resulte imposible levantarte de la cama e ir a trabajar, lo que a la inversa, deshará todo ese arduo trabajo puesto hacia la productividad en el trabajo.

•Problemas del corazón. Si se deja de lado el estrés, se está exponiendo a un mayor riesgo de enfermedad cardiovascular. Esto se debe principalmente a los alimentos con alto contenido de grasa y sal en los que las personas encuentran confort temporal, aparentemente contrarrestando los efectos negativos del estrés y la tensión. Si no tiene cuidado, con el tiempo podría aumentar considerablemente la probabilidad de un infarto; algo que nunca pensaste que tu ocupada vida profesional podría precipitar.

- Alta presiónsanguínea. Esto también se conoce como hipertensión. Cuando aumenta los niveles de estrés, su presión arterial se acelera y esto puede ser muy peligroso porque aumenta el riesgo de accidente cerebrovascular, insuficiencia cardíaca, insuficiencia renal y enfermedad cardíaca. El estrés a corto plazo aumentará la presión arterial de todos modos, pero se convierte en un problema real cuando se prolonga durante un período prolongado de tiempo; El estrés crónico puede causar hipertensión que debes evitar al tomar medidas en el ahora para frenarla.

- Susceptibilidad a las enfermedades. Usted está expuesto a una gran cantidad de enfermedades simplemente porque su sistema inmunológico está debilitado bajo la presión de una mente y un cuerpo sobrecargados. Además, estar estresado también ralentiza el proceso de recuperación de cualquier enfermedad que pueda sufrir.

Efectos a largo plazo del estrés en el trabajo y la vida familiar.

Además de los efectos en su salud, los efectos del estrés en su vida personal y profesional pueden ser peligrosos. Echemos un vistazo a los peligros que están involucrados.

• Eres propenso a estar "agotado". Lo último que quieres es estar agotado en el trabajo. Eso asegurará casi con certeza que tu productividad va para una "sacudida" proverbial. Además, cuando trabajas de forma tan maníaca, descubrirás que incluso cuando no estés agotado, tu productividad no se acercará a cuánto debería ser. Además, terminas despertando cada mañana pensando que es una "tarea" ir al trabajo todos los días.

Usted estará agotado para cuando termina el día y descubre que no tiene absolutamente ningún control sobre los eventos que puedan estar ocurriendo en su vida. Incluso puede encontrarse deseando que hubiera un clon suyo que pudiera compartir el trabajo con usted para que pudiera terminarse a tiempo. En general, parece que no disfrutas yendo al trabajo, y más bien lo haces de manera más mecánica ¡sin un resorte en sus pasos!

• Sus relaciones con sus amigos y familiares sufren. Como resultado de un exceso de trabajo, sus relaciones con sus seres queridos y cercanos inevitablemente sufren mucho. Ya no es un placer estar cerca y puede que incluso encuentre personas que se alejan de usted más que usted. Usted se vuelvemaniático e irritable y preferirá estar encerrado en su habitación en lugar de ir a fiestas donde todos están "felices", a diferencia de usted, por supuesto. Este tipo de desequilibrio entre el trabajo y la vida elimina en cualquier momento las pequeñas cosas importantes de la vida que importan, como asistir al juego de béisbol de su hijo o al concierto de ballet de su hija. Esto puede hacer que su temperamento sea más alto, lo que lleva a una ira interiorizada que también afectará su trabajo.

• Puede perder su trabajo o no obtener esa promoción. Estos niveles peligrosos de estrés pueden afectar negativamente su trabajo hasta el punto en que podría pasar por alto para esa promoción que ha estado buscando tan seriamente y quizás incluso podría terminar perdiendo su trabajo en el proceso. Esto puede dar un vuelco a su vida, y no solo será demasiado tarde para salvar la situación actual, sino que también puede agravar su condición mental. Cuando realmente, podría haberse mantenido bajo control hace mucho, mucho tiempo.

La necesidad de esas meditaciones "cortas"

A estas alturas, es probable que haya comprendido que existe una necesidad cada vez mayor de ahorrar cinco minutos para meditaciones del tipo "corto". ¡Veamos cuáles pueden ser los beneficios de entregarse a estas mini meditaciones!

• Son mucho más fáciles de hacer. Es un hecho que podrá realizar esas meditaciones de cinco minutos con un grado de eficacia mucho mayor que el de la clase más larga. La respuesta es bastante obvia: no es necesario tener el tipo de concentración que demandan los períodos más largos de meditación. Además como son cortos, incluso puede terminar haciéndolos varias veces al día para aumentar su efectividad.

• Beneficios físicos. Obtendrá todos los beneficios físicos que puede experimentar una meditación más prolongada, como una presión arterial óptima y un sistema inmunológico fortalecido, así como un aumento en los niveles generales de energía.

- Beneficios mentales. Los beneficios mentales de la meditación son realmente grandes. Encontrará una disminución dramática en los niveles de ansiedad y depresión y experimentará una mayor sensación de tranquilidad y claridad. Sus problemas empezarán a aparecer más pequeños y serás más feliz. Más razón, entonces, para comenzar con el empleo de esas meditaciones cortas que mejorarán drásticamente la calidad de vida que estaría liderando.

Capítulo 2: El "qué" de las meditaciones de 5 minutos

Ahora que hemos visto los beneficios extraordinarios que podemos obtener de los descansos de meditación de cinco minutos, echemos un vistazo más detallado al mismo para comprender cuán fácil es incorporar el mismo en nuestras vidas diarias, en un intento por cambiarlos para mejor

Los fundamentos de la meditación de cinco minutos

Antes de adentrarnos en las diversas técnicas de meditación que podemos incorporar con éxito en nuestra vida cotidiana para hacer la diferencia que tanto necesitamos, echemos un vistazo a los conceptos básicos sobre lo mismo para que podamos entender cómo realizarlos. en su verdadero sentido!

Respiración

La respiración es el paso más fundamental en cualquier tipo de meditación y esto se aplica a las técnicas de meditación de cinco minutos que usted también estará en el proceso de practicar. Todo lo que tienes que hacer es encontrar un lugar tranquilo y cómodo para sentarte, donde puedas comenzar a practicar esta técnica simple y altamente efectiva que se usará en la meditación. Lo que debe recordar es mantener la espalda erguida o podría terminar adormecido o aturdido en el proceso.

Ahora que está en una posición cómoda, necesita concentrarse en la respiración que entra y sale por la nariz. Simplemente enfócate en la sensación de esta respiración sin intentar controlarla de ninguna manera. Notarás pensamientos que vienen a tu mente cuando lo hagas; Asegúrate de volver a prestar atención a tu respiración una vez más. Eso te hará darte cuenta de que la mente siempre estará dispuesta a vagar; Sin embargo, tiene las herramientas para devolverlo a un estado

de no pensamiento.
Atención plena
Lo creas o no, pero realmente podrías estar "meditando" simplemente donde sea que estés, simplemente incorporando el sentido de la atención plena en tu vida. Entonces, ¿qué es exactamente la atención plena en primer lugar?

En su esencia más básica, la atención plena es un estado mental que se logra al enfocar la atención en el momento presente, mientras que al mismo tiempo acepta los sentimientos, pensamientos y sensaciones corporales. Es una de las herramientas más terapéuticas que podría usar, en lo que respecta al ámbito de la meditación.

Cuando uno incorpora un sentido de "atención plena" en sus vidas, se centran en el "momento presente" en lugar de permitir que sus mentes vaguen hacia el pasado o el futuro, como suele estar acostumbrado a hacer. También nos permite experimentar las cosas de la manera más imparcial. Por lo tanto, uno no ve ninguna experiencia como "buena" o "mala" cuando la experimenta, cuando uno tiene el hábito de practicar la atención plena. Al mismo tiempo, somos conscientes de si esta experiencia es "buena" o "mala"; simplemente no nos permitimos reaccionar a ella, promoviendo la quietud de la mente que es tan crucial para lograr el Zen interior.

La premisa de ser consciente es que debes ser "consciente a propósito" de las cosas que estás haciendo; por ejemplo, tiene que ir más allá de la vaga noción de que está comiendo algo, al proceso de saborear cada bocado que toma, notar la textura y el sabor de la comida que está masticando deliberadamente lentamente, en un intento de ser "consciente" . El proceso de "quedarse con tu experiencia" es el más efectivo, en lo que se refiere a aclarar la mente, liberándola de todas las distracciones innecesarias que constantemente la atraviesan.

Enfoque

La importancia del enfoque no se puede sobreestimar cuando se trata de meditar durante cinco minutos. Lo que hay que recordar aquí es que estarás haciendo estas meditaciones por no más de cinco minutos a la vez, y es por eso que existe una necesidad cada vez mayor de mantener un mayor sentido de enfoque cuando se trata de meditar con el mayor grado de eficacia posible.

Encontrará que hay muchas veces en las que será susceptible de distraerse cuando está en el proceso de mediación; La forma más fácil de asegurarse de permanecer tan concentrado como sea posible es eliminar las distracciones que se le presenten. Por ejemplo, si desea que su teléfono se ponga en silencio durante el período de cinco minutos, o si suena, cuando esté meditando durante un par de minutos, ¡habrá perdido cualquier progreso valioso que haya logrado en el camino!

Cosas que hacer para comenzar con esas

meditaciones de cinco minutos.
Entonces, ya está todo listo para comenzar a incorporar el poder de esas técnicas de meditación de cinco minutos que comenzaremos a discutir a partir del próximo capítulo, ¿verdad? Bueno, antes de hacerlo, es importante que entiendas que debes estar suficientemente preparado antes de dar el paso hacia la misma. ¡Echemos un vistazo a lo que se necesita para que esas meditaciones de cinco minutos sean un golpe!

• Tener una sala de meditación dedicada. Si va a estar meditando en su casa, realmente desearía tener una sala especial dedicada a la meditación. Esta sala hará que sea aún más fácil seguir esa rutina de meditación, ya que le recordará constantemente que medite de manera regular y le permitirá sentirse "calmado" cada vez que ingrese a la sala.
• Consigue las almohadas o cojines adecuados. Si va a meditar mientras está sentado, realmente necesita tener las almohadas o cojines adecuados que le

aseguren que no sentirá la tensión de estar sentado, incluso si es solo por unos minutos. Realmente quieres estar en la posición más cómoda cuando medites, algo que servirá para mejorar enormemente la calidad de tu propia meditación.

• Consigue un buen incienso. Es posible que desee obtener un poco de incienso estelar para impulsar ese proceso de meditación. Pruebe algunos aromas antes de concentrarse en el que encontrará el mejor para sus necesidadesmeditativas. Es posible que desee considerar la lavanda, ya que puede ser un aroma muy suave que sin duda le ayudará en la meditación.

• Encuentra el tiempo. Muchas personas descubren que no terminan encontrando el tiempo necesario para su práctica meditativa, y si bien es posible que puedan presionar unos minutos de vez en cuando para meditar, en realidad no es suficiente porque necesitas hacerlo regularmente. Por lo tanto, debe asegurarse de establecer los intervalos de tiempo designados para cuando meditará durante el transcurso del día; Si está meditando en su casa, puede ser lo primero en la mañana y lo último en la noche, mientras que si prefiere hacerlo en la oficina, entonces podría considerar hacerlo en su hora del almuerzo o tal vez durante ese receso, un tiempo que de otra forma habrías pasado charlando con tus compañeros de trabajo.

• Configuración del tono con la música adecuada. A algunas personas les resulta cada vez más difícil y bastante "insulsa" simplemente "sentarse" en el suelo y meditar, y puede ser una muy buena idea obtener la música suave y apacible que pueda tocar cuando esté meditando. Por supuesto, es posible que desee tener un buen reproductor de CD portátil que pueda llevar a donde quiera que vaya, para que pueda meditar en la oficina al ritmo de la música armoniosa que le guste.

• Imágenes tranquilas, velas y flores. Quieres hacer todas las otras pequeñas cosas que servirán para acentuar tu práctica meditativa. Si bien es posible que no desees encender velas perfumadas en tu lugar de trabajo, puedes colocar algunas imágenes pacíficas de cosas como las selvas tropicales o incluso la playa, en tu escritorio en la oficina para que puedas relajarte hasta el fondo mientras meditas. ¡Tener velas aromáticas se sumará al aroma del incienso y las flores harán lo mismo (además de ser visualmente encantadoras)!

Capítulo 3: Las meditaciones de cinco minutos

En este capítulo, discutiremos todos los diversos tipos posibles de meditaciones de cinco minutos que puede probar. Tenga en cuenta que algunas de estas meditaciones de cinco minutos se pueden usar indistintamente y que no es necesario ser tan estricto para cumplirlas y mantenerlas en las categorías que aquí se han definido.

Dicen que el "pájaro madrugador atrapa al gusano". Es cierto que el tiempo de la mañana puede ser el momento más eficaz para meditar, simplemente porque la mente está en su estado más fresco en ese momento. Veamos algunas meditaciones de cinco minutos que podemos usar con éxito para comenzar el día y prepararnos para un estado mental más mejorado, que nos permita exhibir altos niveles de productividad en el lugar de trabajo.

Una meditación de cinco minutos con la que puedes comenzar el día.

Paso uno: Es importante que cuando medites en la mañana, tu mente esté fresca y no en absoluto aturdida. Es por eso que, antes de desayunar, necesita salpicar su cara con agua tibia para "despertarse" por completo. Luego haz un par de estiramientos y estás listo para meditar.

Paso dos: como se sugirió anteriormente, es posible que desee ingresar a esa sala que ha designado como su sala de meditación para obtener los mejores resultados posibles. Siéntese en un cojín en el suelo o incluso en una silla; Asegúrese de estar en la posición más cómoda en la que pueda sentarse por un período de cinco minutos.

Paso tres: Inhala y exhala natural y profundamente. Es posible que desee decir algo en silencio a sí mismo, como "Inhalando, soy consciente de la respiración que entra en mi cuerpo. Exhalando, soy consciente de la respiración que sale de mi cuerpo".

Paso cuatro: coloque su mano sobre su abdomen y sienta el ascenso y la caída natural de su abdomen mientras respira

Paso cinco: Para la tercera o cuarta respiración, encontrará que la profundización y el retraso de su respiración se harán notables. Poner su mano sobre su abdomen le dará una sensación de seguridad. Este es el momento en el que quizás desee decir internamente algo así como "Aspirando sonrío en el próximo día por que viene por delante,espirando sé que será un gran día".

Podrá hacer esto con facilidad cada mañana antes de ir a la oficina. Además, establecerá el tono para el resto del día e impulsará su productividad a un nivel sin paralelo durante el transcurso del día.

No necesitas confinar o limitar el proceso de meditación a la mañana solamente. De hecho, incluso puede disfrutar de lo mismo en la propia oficina, cuando descubra que puede tener unos minutos entre su trabajo. ¡Veamos Uno para la oficina!

Una meditación de cinco minutos durante los descansos en la oficina.
Paso uno: Use la misma silla en la que pasa el día en la oficina. Sí, ni siquiera necesita salir del lugar donde realizará la mayor parte de su trabajo para meditar.

Paso Dos: Cuenta tus respiraciones. Cierra los ojos y entra en el proceso de contar tus respiraciones en silencio. Recuerda que una ronda incluye una inhalación y una exhalación. Asegúrate de mantener la cuenta al final de cada exhalación.

Paso tres: observa tu respiración. Necesita usar una aplicación de tiempo o programar un temporizador para el tiempo de meditación que desee, en este caso cinco minutos, para no distraerse al pensar cuánto tiempo ha pasado durante el curso de su meditación. Todo lo que tiene que hacer es contar esas respiraciones, como hemos discutido en el punto anterior.

Veamos otra meditación de cinco minutos que podemos usar con éxito durante la hora del almuerzo.

Una meditación de cinco minutos durante el almuerzo en la oficina

Paso uno: configura la alarma de tu teléfono por un período de cinco minutos y cierra los ojos con suavidad.

Paso dos: asegúrate de que tus pies estén en el piso y tu espalda erguida cuando te sientes en esa silla tuya. Apoye sus manos ligeramente sobre sus rodillas y asegúrese de que sus palmas estén hacia arriba.

Paso tres: Cierra los ojos y respira profundamente, inhalando por la nariz y profundamente en tus pulmones, hasta la cuenta de tres. Aguante la respiración durante tres turnos y luego suéltelo por la boca contando hasta tres, exhalando otra cuenta de tres veces.

Paso cuatro: asegúrate de continuar con este ejercicio, inhalando tres veces, aguantando tres veces y exhalando tres veces, mientras que al mismo tiempo aguantas la respiración durante tres segundos.

Quinto paso: cuando suene la alarma, respira profundamente tres veces por la nariz y luego por la boca. Luego abre tus ojos gradualmente.

Habrá ocasiones en las que tendrá que hacer una presentación importante y le beneficiaría enormemente si pudiera dedicarse a una buena meditación de cinco minutos que lo ayudará a centrar su mente y le permitirá hacer esa presentación lo mejor que pueda. Esto implica usar "música" para meditar, algo que servirá para calmar tu mente de una manera que nada más puede, al mismo tiempo, dejarte lo suficientemente entusiasmado como para hacer esa presentación tan importante. Echemos un vistazo a cómo podemos garantizar esta.

Una meditación de cinco minutos antes de las presentaciones de la Junta

Paso uno: conectar unos auriculares. Por supuesto, tener solo la música más suave seleccionada. No quieres algo como el hip-hop que te excite de una manera que te haga imposible meditar.

Paso dos: quieres configurar ese volumen de la música en el nivel adecuado; Asegúrate de no establecerlo demasiado alto o serás propenso a las distracciones. Al mismo tiempo, no desea establecer un nivel tan bajo que tenga que concentrarse realmente en la música que se está reproduciendo.

Paso tres: asegúrate de respirar tan naturalmente como puedas. Es posible que desee presionar ligeramente su lengua contra el techo de su boca mientras inhala profunda y lentamente a través de sus fosas nasales y exhala a través de sus labios que están ligeramente separados y no a través de sus fosas nasales.

Paso cuatro: Encontrarás que los pensamientos vienen a tu mente de vez en cuando. Asegúrese de volver a prestar atención a la música que se está reproduciendo en segundo plano. De hecho, si te concentras tanto en la música que estás tocando, te rindes por completo; tienes que asegurarte de que todas tus emociones se inviertan en esa música que se está reproduciendo y de que la disfrutes hasta el fondo.

Paso cinco: a medida que te permitas resonar con la maravillosa música que se está reproduciendo, verás que tu respiración y tu ritmo cardíaco se sincronizan gradualmente con el "pulso" de la música. Esto significa que ha alcanzado lo que se llama el "punto de arrastre". Tu estado de ánimo coincide con el de la música que se está reproduciendo y se está moviendo en la misma dirección, también.

Puede haber ocasiones en las que tenga

que lidiar con conflictos graves en el lugar de trabajo. En tales casos, es muy fácil dejarse llevar por sentimientos de frustración e ira, cosas que pueden ser impedimentos severos cuando se trata de hacer una tarea. Echemos un vistazo a una simple meditación de cinco minutos que puede ayudarnos a resolver ese conflicto interno.

Una meditación de cinco minutos para enfrentar el conflicto en el lugar de trabajo
Paso uno: Cierra los ojos y deja que esos sentimientos de conflicto pasen por tu mente sin emitir ningún juicio sobre ellos.

Paso dos: llénate con un sentimiento de amabilidad y empatía, así como con un gran sentido de gratitud por las cosas que ya tienes. Concéntrese en su respiración mientras lo hace, siendo inquebrantable por los pensamientos de enojo o miedo que pasan dentro de su mente como resultado de ese conflicto no resuelto en su mente.

Paso tres: Deje que los sentimientos de amor y compasión fluyan dentro de usted y luego permita que se extiendan a los demás también, incluidas las personas con las que podría estar involucrado en un conflicto. Esto asegurará que no haga que la situación sea peor de lo que ya es, una vez que haya salido de ese estado meditativo. Esta meditación que se centra en el "sentimiento" asegurará que veas las cosas de una manera no crítica, permitiéndote tomar las decisiones más racionales.

Es muy importante que cuando regrese del trabajo, su mente esté completamente des estresada o de lo contrario llevará todo el equipaje emocional innecesario de su lugar de trabajo a su hogar y eso es algo que seguramente no desea porque entonces terminará destruyendo su paz interior e incluso la de la gente que vive en casa. Veamos una meditación de cinco minutos más efectiva que lo ayudará a relajarse después de esas horas de oficina, permitiéndole sentirse con energía para disfrutar el resto del día lo suficiente., en realidad es algo que puedes hacer de manera más efectiva porque todo lo que necesitas es bañarte en una ducha, ¡algo que seguramente harás cuando vuelvas a casa del trabajo en cualquier caso!

Una meditación "consciente" de cinco minutos para desconectar después de las horas de trabajo

Paso Uno:colóquese bajo la ducha. Observe el sonido del agua a medida que corre a lo largo de su cuerpo y la diferencia en el sonido cuando se aleja para enjabonarse con jabón, cuando el agua toca el piso.

Paso dos: Realmente, "sienta" el agua que corre por su cuerpo y preste mucha atención a los sentimientos de enjabonar su cuerpo con jabón y champú también. Cuando sienta todas estas sensaciones encantadoras, asegúrese de que sus ojos estén cerrados.

Paso tres: Imagine que todo el estrés se elimina a medida que el agua fluye a lo largo de su cuerpo, limpiándolo de toda la suciedad que pueda haberse acumulado durante las últimas horas. Piense en todas las cosas a las que se aferras: sus deseos y sus apegos. Piense que ellos también fueron limpiados y descubrirá que está completamente descargado de todas las cosas que le encadenan. Todo lo que está haciendo es concentrarse en el sonido del agua que corre a lo largo de los contornos de su cuerpo y el sonido que produce en el proceso de hacerlo.

Paso cuatro: Imagine que el agua que cae en cascada sobre usted es como "luz blanca pura".Asegúrese de creer que esta luz le protegerá lo suficiente y de que realmente no hay nada de que temer. Piensa en esta "luz blanca" te envuelve en una burbuja.

Paso cinco: Salga de la ducha y permítase "sentir" la sensación reconfortante de la toalla que se cepilla contra su piel cuando intenta secarla. Mire lo increíble que esto le hace sentir. Tenga en cuenta que esto es algo que se puede hacer incluso para otros fines (como antes de una reunión de la junta directiva, en caso de que tenga una ducha en la oficina, eso es). Puedes elegir la música si no le gusta ducharte en el lugar de trabajo; la bonificación está en ti, realmente averigüe qué funciona mejor para usted y luego asegúrese de seguirlo para obtener los mejores resultados posibles.

Es más importante ir al gimnasio con regularidad, pero es igualmente importante meditar antes de un ejercicio para obtener los máximos beneficios posibles. Veamos cómo podemos hacer lo mismo.

Una meditación de cinco minutos de "Pre Gimnasio"

Paso uno: Disfrutar de la respiración del vientre. Es preferible "recostarte" durante este tipo de meditación y exagerar el movimiento del vientre hacia adentro mientras inhalas. Del mismo modo cuando exhala, su vientre también debe moverse de una manera bastante dramática. Haga esto hasta que esté lo suficientemente relajado.

Paso dos: Visualice el cuerpo que desea y cómo se verá después de haberlo logrado en su totalidad. Esto servirá para calmar su mente debido a las imágenes positivas con las que se está inundando, y hará que sea más fácil para usted completar ese entrenamiento con una cucharada extra de dinamismo.

Una vez que termine su tiempo en el gimnasio y esté sentado a comer, tal vez desee pasar otros cinco minutos meditando antes de la misma. Aquí le damos un vistazo a una efectiva meditación de cinco minutos que puede realizarse antes de la cena.

Una meditación de cinco minutos antes de la cena
Paso uno: Cierre los ojos en la mesa de la cena y llénese de sentimientos de gratitud

por toda la comida que tiene en la mesa.

Paso dos: Después de que se haya llenado de sentimientos de gratitud, asegúrese de respirar profundamente varias veces antes de comenzar a comer. Simplemente enfóquese en su respiración y nada más. Simplemente observe la respiración a medida que entra y sale de su cuerpo, los pensamientos sobre la comida, entre otros pensamientos, cruzarán su mente pero asegúrese de que vuelva su atención a su respiración. Esto asegurará que esté mucho más "atento" cuando se trate del proceso de comer más adelante y por lo tanto usted estará bien y verdaderamente en el "momento", que es realmente lo que todas las prácticas meditativas se esfuerzan por lograr.

Al final, todos debemos ir a dormir y la calidad de nuestro sueño juega un papel importante en el resultado del día siguiente. De hecho, está bien documentado que las personas con mejor desempeño en el lugar de trabajo son aquellas que duermen bien por la noche regularmente. Una vez que use esta efectiva y simple meditación de cinco minutos que viene a continuación, descubrirá que la calidad de su sueño habrá aumentado sustancialmente con el tiempo y que estará preparado para enfrentar el día con un renovado sentido de fortaleza. Echemos un vistazo, entonces, al mismo.

Una meditación de cinco minutos antes de dormir

Paso uno: asegúrese de que todos sus dispositivos electrónicos estén apagados al menos una hora antes de irse a dormir. Esto se debe a que la "luz azul" de ellos solo sirve para mantener la mente despierta y eso no lo ayudará cuando vaya a realizar una meditación que realmente apunte a mejorar la calidad de su sueño.

Paso dos: Quiere disfrutar de la respiración abdominal pero no desea hacerlo acostado, como se sugirió en la meditación anterior que uno haría antes de ir al gimnasio. Asegúrese de sentarse en posición vertical en su cama mientras está meditando.

Paso tres: Coloque sus manos sobre su vientre y permita que se muevan suavemente a medida que su respiración entra y sale de su cuerpo. Esto le permite enfocarse en su cuerpo y por lo tanto, ayuda a calmar ese proceso de pensamiento que es responsable de que los pensamientos corran sin sentido a través de su mente todo el tiempo.

Paso cuatro: utilice el proceso de 'Imágenes guiadas'. Realmente desea calmarse lo más que pueda al final del día y la mejor manera de hacerlo es imaginando una escena pacífica como las montañas, las nubes o incluso el océano. Puede usar su imaginación para pensar en cualquier cosa que le esté invitando y usar todos sus sentidos para explorarla; el cerebro no siempre sabe la diferencia entre lo que es real y lo que no lo es y se encontrará escapando a lugares hermosos que le brindarán una sensación de calma y serenidad sin igual.

Quinto paso: déjalo ir. Una vez que haya completado el proceso de imágenes guiadas, escoja un tema en su vida que aparentemente esté sacando lo mejor de usted al dominar sus pensamientos, y simplemente "déjelo ir". De esa manera, no solo se asegurará de que duerma mejor durante la noche, sino que ese mismo "problema" también se reduce en el proceso. ¡Claramente, una situación en la que todos ganan, cuando se trata de emplear esta meditación de cinco minutos antes de dormir!

Capítulo 4: Consideraciones importantes durante la meditación.

Es importante tener en cuenta que hay un par de consideraciones que deben ser analizadas con detenimiento para tratarlas. Echemos un vistazo a lo mismo para que entendamos cómo obtener los máximos beneficios posibles de nuestra nueva práctica meditativa.

Cómo contrarrestar la deriva mientras medita

Es importante entender que cuando comienzas a meditar, estará propenso a muchos 'pensamientos vagos' de la mente y es esencial que aprenda a frenar los mismo, especialmente porque solo estarás meditando por un período de cinco minutos a la vez. Echemos un vistazo a cómo podemos hacer esto efectivamente.

- Si está meditando con los ojos cerrados, y puede darse cuenta de que se está quedando dormido, una de las razones es que no está durmiendo lo suficiente durante la noche. ¡Asegúrese de que lo hace!

• Siente la "tensión" de estar sentado. Eso es simplemente porque no está sentado en la posición más cómoda que debería ser. Necesita sentarse con su columna erguida pero en una posición natural. No haga "esfuerzo" para sentarse lo más erguido posible.

• Se deja llevar por la emoción. Es muy natural que los pensamientos perturbadores crucen la mente y esto puede hacer que se deje llevar por profundizar en esos pensamientos. Necesita permitir que los pensamientos pasen sin juzgarlos; esa es la mejor manera posible de garantizar que la mente permanezca en calma y que pueda regresar al aspecto más importante de la meditación, la respiración en sí misma.

Seguimiento de su progreso durante la meditación

Es común que se frustre fácilmente porque siente que el proceso de meditación no le está funcionando del todo como debería. Debes entender que los mejores beneficios posibles de la meditación se acumulan con el tiempo, pero hay ciertas cosas que indicarán que estás en el camino correcto. Aquí hay un vistazo a ellos.

• La calidad de su sueño mejorará. Se despertará mucho más enérgico y renovado que nunca.

• Con el tiempo se volverá más "tranquilo". Cuando vea que esto sucede, sabrá que el proceso de meditación está funcionando para usted.

Si no se da cuenta de estos dos signos más tangibles en el transcurso de un tiempo razonable, entonces su práctica meditativa podría no estar funcionando como debería. Recuerde que la meditación es una "práctica" y eso significa que podría estar haciendo mucho menos de lo que realmente debería estar haciendo. Por lo tanto, si lo hace durante cinco minutos dos veces al día, podría considerar aumentar la apuesta inicial y hacerlo cuatro veces al día en un intento de hacerlo bien. Asegúrese de que también lo da todo cuando lo haga. No se trata simplemente de sentarse y cerrar los ojos, ¡tiene que hacer un verdadero intento consciente de hacerlo lo mejor que pueda!

Conclusión

En el transcurso de este libro, hemos visto lo crucial que es incorporar la meditación en nuestras vidas diarias para eliminar ese estrés crónico de nuestras vidas para siempre. Hemos visto diferentes tipos de técnicas de meditación que toman solo 5 minutos y comprendimos que realmente es mucho más adecuado para disfrutar de meditaciones de cinco minutos que de meditaciones más largas y elaboradas debido a la facilidad con la que se pueden realizar.

Hemos visto varias técnicas de meditación de cinco minutos que pueden realizarse en diferentes situaciones e incluso pueden usarse indistintamente para obtener el máximo beneficio con respecto a calmar la mente de manera efectiva.

Entonces, ¿qué está esperando? Prepárese para comenzar el proceso de transformar su vida completamente a través de las maravillas de la meditación, eligiendo prácticas simples de su elección.

Todo lo necesario es una cuestión de cinco minutos. ¡Ciertamente tienes mucho más que eso en tus manos!

Parte 2

Introducción

¿Alguna vez se ha sentido perdido? ¿Desorientado? o cansado. De vez en cuando, experimentamos dificultades y nos enfrentamos a muchas situaciones difíciles de todo tipo. Los eventos significativos, como la pérdida de un ser querido, el cambio de carrera, el inicio de una familia o el ingreso a la adolescencia, entre otros, a veces nos hacen sentir que estamos en una encrucijada o en un callejón sin salida. Ya sea que se sienta perdido, infeliz o simplemente desee desarrollar una comprensión más profunda del mundo y todo lo que hay en él, este libro está escrito para usted.

Este libro le ayudará a practicar una de las formas más antiguas y más efectivas para reducir el estrés, desarrollar la autoconciencia y rejuvenecer su espíritu y cuerpo. Esto no es otra cosa que practicar la mejora más fundamental del estilo de vida: La meditación.

Cuando se sienta abrumado por el estrés y el pánico, es importante aprender como dominar y controlar esto mediante la meditación.Cuando aplique y desarrolle la práctica de la meditación, tendrá una conciencia más profunda o conciencia de sus pensamientos, emociones, así como también de su entorno. Es importante tener en cuenta que la práctica de la meditación no debe ser solo una cosa o fase. Debe aplicarse y practicarse a largo plazo para que usted realmente disfrute y obtenga los beneficios que le brinda a su vida. ¿Sabía que algunos de los líderes religiosos, CEO's y personalidades de fama mundial más influyentes practican la meditación? Hacen esto para aprovechar sus fortalezas internas, sabiduría y bienestar general. Personalidades famosas como Oprah, Hugh Jackman y Russel Brand, por nombrar algunas, todas meditan porque les ayuda a convertirse en mejores versiones de sí mismos.

Oprah cree que la meditación le ayuda a sentirse y ser mejor: "*Lo único que quiero seguir haciendo es centrarme en mi misma todos los días y hacer de eso una práctica para mí, porque estoy un mil por ciento mejor cuando lo hago*".

Según Russel Brand: *Soy un pensador bastante neurótico, una persona bastante adrenalizada. Pero después de la meditación, sentí esta hermosa serenidad y conexión desinteresada*".

Hugh Jackman luchó con los síntomas de su trastorno obsesivo compulsivo (TOC) hasta que descubrió el arte de la meditación: *"La meditación cambió mi vida"*.

Tenga en mente que no importa quién sea usted, independientemente de su situación o de sus dificultades, puede practicar la meditación para aquietar su mente y ver mejoras en todos los aspectos de su vida. Si es un principiante, al final de la lectura de este libro, se dará cuenta de que no necesita estar en un centro Zen o estar en soledad durante muchos meses para que pueda meditar. A medida que siga leyendo, descubrirá que al emprender las técnicas de meditación simples que se analizan a lo largo de este libro, será más resistente al estrés y obtendrá una comprensión más profunda de sí mismo y de todo lo que lo rodea. ¡Espero que disfrute la lectura!

Discreción: Soy solo un estudiante apasionado de la salud y bienestar y estoy buscando las estrategias más avanzadas que puedan beneficiar mi vida, lo cual me inspira a compartir este conocimiento con cualquiera que esté dispuesto a escuchar.

Nota del Autor: Me doy cuenta que mi trabajo no resonará con todos los lectores. Como hombre comprometido con la mejora constante e interminable, si tiene algún comentario constructivo que le gustaría ofrecer o cree que el contenido de mi libro puede mejorarse de alguna manera, deje un honesto comentario al final del libro.

Garantía de devolución del dinero: Si usted no está satisfecho con el contenido de mis libros por cualquier motivo, también puede obtener un reembolso dentro de los 7 días de la compra. Simplemente desplácese sobre su cuenta y haga clic en Administrar su contenido y dispositivo. Luego, seleccione el botón de Acción directamente al lado del libro para el que desea un reembolso, y haga clic en Devolver para reembolso.

Capítulo 1: Empezando con la Meditación

"La meditación es la disolución de los pensamientos en la conciencia eterna o conciencia pura sin objetivación, saber sin pensar, fusionando la finitud en el infinito"~ Voltaire

Si usted no ha intentado todavía meditar, se está perdiendo de mucho. Esto es porque la meditación es una de las formas más simple y rápida de sentirse en calma y tener una mente más clara para hacer mejores juicios en su vida. La meditación le permite conectarse con su ser interior y desarrollar una conexión más profunda para reducir el estrés y sentirse más relajado. Antes de pasar al proceso de cómo puede comenzar a meditar, es importante estar familiarizado con los conceptos básicos de la meditación:

1. La meditación no debe ser forzada

¿Puede recordar una instancia en la que no pudiera dormir sin importar cuánto intentase? Lo mismo vale para calmar o aquietar la mente. En realidad, no puede exigir que su mente esté domada, pero puede crear un entorno propicio para la meditación y por lo tanto encontrar la calma. Cuando es capaz de ponerse en una condición que fomente una mente más tranquila, la meditación ocurrirá naturalmente.

2. La meditación debe ser desarrollada como hábito

Como principiante, es importante recordar que desarrollar el hábito de meditar es esencial para que esté realmente consciente de sus pensamientos y de todo su ser. Si lo hace, le ayudará a normalizar y liberar el estrés en medio de situaciones de angustia.

3. La meditación es simple pero no siempre fácil

Aunque cerrar los ojos, sentarse en una posición cómoda y respirar profundamente puede parecer simple, muchas personas todavía luchan con la práctica diaria de ejercicios de meditación. La mayoría de las personas que han intentado meditar generalmente no lo incorporan a su rutina diaria. Para que pueda desarrollar con éxito el hábito de la meditación diaria, necesita encontrar la técnica que mejor se adapte a usted y ser lo suficientemente disciplinado para profundizar su práctica de la meditación.

Diferentes Clases de Meditación y Técnicas de Relajación

A. Visualización Guiada

La visualización guiada es simplemente imaginarse en una situación serena y relajante. Al formar imágenes claras o vívidas de su lugar feliz, puede trabajar gradualmente para salir de las circunstancias más estresantes y encontrarse en un lugar y tiempo más pacífico. Tiene muchos recursos de meditación guiada disponibles en línea y puede escuchar un podcast de audio u obtener un experto en un video de YouTube para que lo visualice de manera más efectiva y se alivie del estrés.

B. Meditación de atención plena

La atención plena consiste básicamente en tener una mayor conciencia o conciencia de las cosas que están sucediendo a su alrededor. También se enfoca en ayudarlo a vivir el momento y no ser afectado por su pasado o sus preocupaciones futuras.

C. Meditación Transcendental

La meditación trascendental implica la emisión de un mantra para deshacerse de los pensamientos que distraen. Esta técnica natural le ayudará a entrar en un estado mental relajado y tranquilo y paz interior.

Otras formas de meditación incluyen yoga, Tai Chi y mantra meditación. Independientemente de cómo medite, siempre que le ayude a tener una mente y un cuerpo más relajados y que funcione para usted, no deje de hacerlo. Al desarrollar sus habilidades de meditación, podrá mantener un cierto equilibrio y protegerse de los factores estresantes de la vida cotidiana.

Consejos para comenzar

1. Recuérdese constantemente de sus metas y propósito

Una de las formas clave para comenzar y mantener una nueva práctica es recordando su propósito y objetivo. Pregúntese esto: ¿Por qué estoy haciendo esto? ¿Para quién estoy haciendo esto?

Cuando puede ser claro en sus metas, es más probable que continúe en su búsqueda, especialmente a largo plazo.

2. Conocer que funciona para usted

Cuando esté comenzando a meditar, no tenga miedo de experimentar con la técnica que le funcione. Puede intentar sentarse con los ojos cerrados o pararse con los pies descalzos y mantener los ojos bien abiertos. Independientemente de cómo medite, siempre y cuando le ayude a ser más consciente de sí mismo y de los alrededores, hágalo.

3. Sea Comprometido y Consistente

Una de las mejores maneras de formar el hábito de la meditación es tener un tiempo y un lugar específicos para meditar. Pero tenga en cuenta que no siempre tiene que estar en el mismo lugar para poder meditar. El propósito de tener un tiempo y un lugar predeterminados para meditar es solo para ayudar a su mente y cuerpo a acostumbrarse a su nueva rutina. A medida que gradualmente incorpore esto en su vida, podrá meditar donde sea y cuando sea, en un instante.

Una Guía Simple de Meditación

Deje lo que está haciendo y fije el cronómetro por 5-10 minutos

Encuentre un lugar tranquilo, donde pueda sentarse en una silla confortable con sus pies directo en el piso y su espalda derecha.

Recuerde sus metas y propósito para meditar.

Comience siendo consciente de su respiración, tome respiros profundos y lentos y comience a cerrar sus ojos.

Sienta sus sentidos desde la cabeza a los dedos de los pies y observe cualquier emoción que usted esté sintiendo.

Inhale, exhale y note como su respiración fluye dentro y fuera de su cuerpo. Cuente de 1 a diez como su respiración sube y baja. Hágalo lentamente y enfóquese en su respiración.

Cuando escuche que suena la alarma, continúe respirando normalmente y observe su postura, pensamientos y sentimientos después de este simple ejercicio.

Lentamente abra sus ojos y deje que su cuerpo regrese a su ritmo usual.

Tenga en cuenta que esta es solo una guía básica para ayudarlo a comenzar. En realidad, hay muchas otras técnicas y ejercicios que podría probar.

Capítulo 2: Beneficios de la Meditación

Los beneficios de la meditación no se pueden enfatizar lo suficiente. Estos van desde tener una mente y un cuerpo más saludables hasta desarrollar relaciones más fuertes y más profundas. En este capítulo, verácómo la meditación podría hacerle sentir más feliz, satisfecho y más contento con todo lo que forma parte de su vida.

Cuando medita, debe:

Tener un mejorado enfoque

La meditación puede brindarle más concentración o mayor concentración porque le permite estar familiarizado con sus pensamientos y patrones de pensamiento. Puede ayudarlo significativamente a aumentar su capacidad de atención y su nivel de conciencia, ya que lo ayuda a descubrir su fuente de energía principal y real.

Ser más creativo

La meditación promueve también la creatividad de una persona porque la meditación permite que una persona tenga ideas originales o novedosas. Ayuda a un individuo a pensar fuera de la caja y transformar sus ideas en realidad.

Ser más compasivo ycomprensivo

Al meditar, las personas también pueden mostrar más comprensión y tener un mejor estado de ánimo en general porque la meditación ayuda a aumentar las emociones positivas y disminuye las negativas.

Reducir el estrés

Uno de los mayores beneficios de la meditación es que reduce el estrés y ayuda a las personas a mantenerse calmadas mientras están bajo presión. Esto se debe a que la meditación ayuda a normalizar la presión arterial, la respiración y la frecuencia cardíaca. Con suficiente práctica, la meditación también podría ayudarlo a tener tranquilidad. También se sentirá capacitado porque, a través de la meditación, puede tener el poder de regular sus pensamientos y emociones.

Tener un estilo de vida más saludable y un sistema inmunológico más fuerte

Los beneficios físicos y de salud de la meditación son abundantes; no solo refuerza su sistema inmunológico sino que también le ayuda a adaptarse un estilo de vida más saludable. Los estudios han demostrado que a las personas que intentan dejar de fumar o dejar el consumo excesivo de alcohol les resulta más fácil controlar sus hábitos cuando meditan.

Hacerle sentir más feliz y más contento

Todos queremos ser felices. Afortunadamente, la meditación puede ayudarnos a sentirnos más vivos con alegría, energía y satisfacción desbordantes. Durante miles de años, se ha demostrado que esta técnica simple tiene un impacto positivo en la mente y el cuerpo de una persona y lo hace sentir más feliz y saludable. Una vez que haya aprendido y dominado la habilidad de la meditación, experimentará emociones positivas y felicidad como nunca antes.

Capítulo 3: Meditación para el Crecimiento Espiritual

La espiritualidad se define básicamente como "estar conectado a algo más grande que uno mismo", así como alcanzar o alcanzar un nivel más alto de conciencia. Uno de los factores más importantes para que una persona pueda vivir la vida al máximo es entender que todos los aspectos de su vida están equilibrados y en perfecta armonía entre ellos una vez que la calma de la meditación está funcionando. Las personas que desean avanzar hacia una vida más equilibrada suelen ir en un viaje espiritual para buscar un propósito y un significado más profundos en la vida. La mayoría de ellos recurren a un ser superior o desarrollan una conexión más profunda con la naturaleza o las artes. Independientemente de cómo elija vivir su vida espiritual, el mejor medio para desarrollar un mayor sentido de sí mismo y del universo es a través de la meditación.

A lo largo de su vida, es posible que se haya hecho preguntas sobre su identidad, propósito y la vida en general. ¿Por qué estoy aquí? ¿Cómo puedo vivir la vida al máximo? A medida que avanza en su búsqueda de su ser interior, en realidad está creciendo espiritualmente. Cuando puede experimentar un crecimiento espiritual, es más probable que vea la vida desde una perspectiva diferente y más positiva. También puede liberarse de sus miedos y pensamientos de ansiedad porque su estado de ánimo ya no es fácilmente influenciado por sus circunstancias pasadas, presentes y futuras. Se vuelve más fuerte y más centrado. Ya que ser espiritual es esencial para que logremos o mantengamos el equilibrio en la vida, debemos esforzarnos constantemente por el crecimiento espiritual. Aquí hay algunas estrategias sobre cómo puede llegar a ser más espiritual:

1. Tenga algún Tiempo a Solas

El caos, el ajetreo y el bullicio de la vida cotidiana a veces pueden hacer que olvidemos la importancia de tomarnos el tiempo. De vez en cuando, debe pasar algún tiempo en soledad para refrescarse y rejuvenecer su mente y su cuerpo. Puede tomar un buen baño largo, leer un buen libro o ver su película favorita para sentirse bien.

2. Sea más Agradecido

Muchos de nosotros somos más bendecidos y afortunados de lo que pensamos. Debido a nuestras obligaciones en el hogar y el trabajo, tendemos a pasar por alto muchas cosas, especialmente aquellas que están justo frente a nosotros. Las pequeñas cosas o los placeres simples de la vida a menudo pasan desapercibidos hasta que se desvanecen y finalmente desaparecen. Puede experimentar el crecimiento espiritual practicando la gratitud todos los días. Piensalo por un momento; ¿Cuándo fue la última vez que estuvo agradecido por tener un techo sobre su cabeza, o el hecho de que no está acostado en una cama de hospital? Al estar más agradecido, verá el mundo desde una perspectiva más optimista.

3. Haga de la felicidad un Hábito

Cuando haga de la felicidad un hábito, no

solo mejorará su vida, sino que también le ayudará a cambiar su mentalidad y perspectiva a una más positiva. Lo mejor de nuestro cerebro es que los estudios neurológicos recientes apoyan la idea de que realmente podemos reconfigurarlo para aumentar nuestro nivel de felicidad. Podemos hacer esto entrenando al cerebro a pensar constantemente en pensamientos felices. Puede hacer de la felicidad un hábito haciendo cosas simples, como anotar al menos tres cosas positivas diariamente o buscando siempre ver lo bueno en cada situación.

4. Practique la Atención Plena

Cuando quiera ser más espiritual a través de la meditación, debe ser capaz de practicar la atención plena. Ser consciente significa tener una conciencia consciente de sus pensamientos, sentimientos y su entorno. Cuando pueda poner la atención plena en práctica, podrá concentrarse y disfrutar cada uno de los preciosos momentos de la vida.

5. Medite Diaramente

La meditación es considerada por muchos

como el hábito más fundamental debido a su capacidad de cambiar radicalmente la vida de una persona para mejorarla. Muchas personas han ganado paz interior, una perspectiva más clara y han reducido significativamente su ansiedad debido a la meditación diaria. En el Capítulo anterior, aprendió que las personas que meditan pueden reducir significativamente su estrés, mejorar su sistema inmunológico y su salud en general. Además de estos beneficios, la Meditación Diaria puede ayudarlo a ser más consciente y experimentar un crecimiento espiritual que sea genuino y progresivo.

Al esforzarse por desarrollar y cultivar su espiritualidad, por lo tanto, se está moviendo hacia tener mayor alegría y felicidad en la vida. No importa quién sea usted o cuál sea su situación, nunca es demasiado tarde para mejorar su espiritualidad y experimentar el crecimiento a través de la meditación.

Capítulo 4: Meditación para Relajación

La meditación es una de las formas más efectivas para reducir el estrés y la ansiedad. Esto se debe a que, a través de la meditación, somos más capaces de ser conscientes de nuestros pensamientos y emociones. Tendemos a tener más control sobre nuestros sentimientos y no ser fácilmente abrumados por ellos. La meditación también puede ser un alivio instantáneo de su vida agitada y estresante porque, literalmente, requiere que se tome unos minutos para relajarse, normalizarse y resolver sus pensamientos.

Sentirse ansioso, preocupado o tenso de vez en cuando es aceptable, especialmente si una persona sabe cómo lidiar con estos sentimientos y manejar su ansiedad adecuadamente, pero muchos de nosotros luchamos para enfrentar el estrés que experimentamos todos los días. Tenga en cuenta que el estrés, a cierto nivel, es esencial para la supervivencia. Pero, cuando se vuelve crónico y abrumador, afectará en gran medida la calidad de su vida. Afortunadamente, existen muchas técnicas que pueden ayudarnos a enfrentar con eficacia la ansiedad. Puede usar la meditación para relajarse y aliviar su ansiedad. En lugar de tomar esa botella de cerveza o una tina de helado para la comodidad, pruebe estas sugerencias para ayudarlo a mantenerse tranquilo y relajado en situaciones estresantes:

1. Tome un poco de aire fresco

Cuando está estancado en una reunión prolongada y estresante o cuando sus nervios comienzan a sacar lo mejor de usted cuando está a punto de pronunciar un gran discurso, haga una pausa o detenga lo que esté haciendo y tómese unos minutos para usted. Es importante hacer una pausa por un tiempo cuando se sienta abrumado para poder calmarse y controlar su ansiedad. Tome un minuto o dos para cerrar los ojos y prestar atención a su respiración.

2. Practique Ejercicios de Respiración

Cuando se esté alejando unos minutos de una situación estresante, observe y sea más consciente de sus sentidos. Preste atención a su respiración al notar cómo fluye de dentro y fuera de su sistema sin problemas. Tome respiraciones profundas y lentas y enfoque su atención en pensamientos agradables. Inhale por la nariz y exhale por la boca.

3. Póngase cómodo

Estar en una posición en la que se sienta más cómodo. Puede sentarse con la espalda recta mientras cierra los ojos y respira lentamente. En la medida de lo posible, no se acueste porque podría quedarse dormido. Afloje la corbata, quítese los zapatos, afloje cualquier prenda de ropa que necesite para sentirse más tranquilo. Permanezca en un estado relajado durante unos minutos y se sentirá al instante refrescado para enfrentar el resto del día.

4. Cierre sus ojos y enfóquese en un objeto o escena

Mientras medita, concéntrese en pensar en un bello recuerdo, en la escena de su destino soñado o en un objeto que se encuentre a su alrededor. Cuando pueda tener un punto de enfoque, lo ayudará a mejorar su concentración y atención.

Cuando se imagine en un lugar sereno y tranquilo, sus preocupaciones y pensamientos ansiosos se desvanecerán lentamente.

5. Mejore su visualización

Un alivio instantáneo de una situación bastante estresante es la visualización. Mientras transporta su mente a un lugar tranquilo, asegúrese de utilizar todos sus sentidos para hacerlo lo más vívido y realista posible. Por ejemplo, puede retroceder en el tiempo y visitar su heladería favorita cuando era niño. Al ir a ese lugar feliz, note los pequeños detalles, camine lentamente, pruebe su helado de chocolate favorito con chispas y recuerde lo relajado y libre de estrés que estuvo durante esos años.

Como puede ver, puede usar muchas estrategias para aliviar el estrés. Puede relajarse en cualquier momento y en cualquier lugar, siempre y cuando practique los ejercicios de meditación que mejor se adapten a sus necesidades. Puede relajarse incluso si no está frente al televisor o se hace las uñas en el salón. Puede combatir el estrés cotidiano simplemente practicando estas técnicas de relajación.

Capítulo 5: Meditaciónpara Concentración y Visualización

Llamada meditación concentrativa, esta es una técnica única porque está diseñada para que usted se enfoque en un solo punto. El punto puede ser cualquier cosa que sea significativa para usted. Puede ser un objeto, una luz, un sonido, una palabra o tu propia respiración. De hecho, el objeto no necesariamente tiene que estar en el mundo exterior, puede ser un objeto visualizado dentro de su mente.

Tenga en cuenta que la meditación concentrativa es una técnica que generalmente se reserva para meditadores avanzados. Esto se debe a que se necesita una gran disciplina para poder sumergirse completamente en la experiencia del enfoque singular. Sin embargo, con la práctica, incluso los principiantes pueden experimentar la serenidad de este tipo de meditación.

Para comenzar, necesita lograr pequeños éxitos en lugar de aspirar a un gran logro. Entrene su mente para enfocarse. Elija el objeto de su enfoque. En este caso, puede comenzar con una vela encendida. Ponte en una habitación libre de distracciones. Eliminar cualquier fuente de ruido o luces parásitas. Asegúrese de que todos los dispositivos electrónicos estén en silencio. Programe esta meditación en un día relativamente libre. Cualquier tarea pendiente, tareas o plazos son causa de interrupción en la mente.

Ahora es el entrenamiento. Si eres un principiante, apúntese metas a corto plazo para lograr el enfoque durante 1 minuto entero. Esto puede parecer corto para usted, pero cuando este meditando, verá que la conciencia está cambiando a otro lugar. Su mente necesita ser capaz de estirar su paciencia y disciplina. Piense en su atención como un músculo que no se puede esperar que levante pesos pesados al comienzo del entrenamiento. En su lugar, debe comenzar con pesos más ligeros y progresar a pesos más y más pesados. Cuando los músculos se han roto, reparado y entrenado, es cuando se fortalece.

Lo mismo ocurre con el entrenamiento en

meditación concentrativa. Necesita trabajar con pesos más ligeros o, en este caso, duraciones de concentración más cortas. Tome nota de las cualidades de la verdadera concentración concentrada. Todo su enfoque, facultades mentales y conciencia están totalmente centrados en el objeto del enfoque, no hay asociaciones, ni interpretaciones, ni otros pensamientos, aparte del objeto. Así de difícil es este tipo de meditación, pero con el entrenamiento lo logrará.

No se desanime cuando su mente se aleja del objeto. Incluso los meditadores experimentados tienen estas distracciones momentáneas durante la meditación. La marca de disciplina es no solo cuánto tiempo puede mantener la atención, sino también la eficiencia con la que puede recuperar su atención cuando su mente divaga.

Para ayudarlo a concentrarse, aquí hay algunas formas de guiar su mente durante la concentración, en este caso la vela encendida:

Concéntrese en la llama, mire los colores,

la llama exterior que es naranja y luego roja. Muévase hacia la llama interior, que es más azul y más caliente. Mire cómo la mecha es negra y firme y está parada en el charco de cera. Observe cómo la llama parpadea y crea volutas de humo a medida que se mueve. Sienta el calor de la llama y deja que llene su mente y su cuerpo.

Dese cuenta de que cuanto más enfocado esté en su concentración, más sereno se siente. No hay ruidos, ni vistas, ni luces, ni distracciones. Solo existe la llama y usted. Cuando sus ojos estén enfocados en la llama, observe cómo, de alguna manera, la llama se fusiona con su visión y su visión se fusiona con su mente y su mente con el resto de su cuerpo. Pronto se sentirá muy ligero como si fuera uno con la llama. Cuando parpadee, se balancee. Cuando crea ráfagas de humo, es usted quien exhala. Como está en la mecha, es usted sentado en el suelo. A medida que se expande, también expande su horizonte. A medida que se estrecha, se enfoca más en la llama. Ya no hay una distinción entre usted y la llama, su mente y la llama son una. Siente esta unidad con la llama que llena todo su ser. Sienta cuán completamente libre está su mente a pesar de estar restringido en su cuerpo físico.

Cuando note que su mente se está alejando de su enfoque y comienza a seguir ideas, asociaciones o pensamientos aleatorios, vuelva a concentrarse en su control. No lo tire bruscamente. En su lugar, hagalo con calma y suavidad. Al igual que un músculo que carga un peso, lo levanta lentamente, sus músculos se contraen hasta el punto del dolor, pero se relajan mientras se ajustan al resto. Hagalo de la misma manera para reenfocar.

Una vez que esté pensando en algo más que en la llama, vuelve a centrar su atención. ¿Cuáles fueron los pensamientos antes de que se desviase? La vela. ¿Dónde está ahora físicamente? En el suelo, con las piernas cruzadas y las palmas de las manos en las rodillas. ¿Dónde está ahora mentalmente? Centrándose en la vela. ¿Qué parte de la vela? La mecha. ¿Qué parte de la mecha? La llama. ¿En qué se está enfocando? La llama y sólo la llama.

Dese un minuto adicional por cada sesión de meditación concentrativa. A medida que avanza, su concentración muscular se vuelve más y más fuerte y se vuelve más paciente y más agudo que nunca. Pronto descubrirá que puede prolongar su concentración a horas hasta que ya no sea consciente de las horas o del tiempo.

Capítulo 6: Meditaciónpara Conciencia Plena y Exploración del Cuerpo

Una técnica meditativa asociada con la atención plena, esto es en cierto modo el opuesto directo del tipo concentrativo de la meditación. Mientras que la meditación concentrada tiene que ver con centrarse en un objeto y refrenar sus pensamientos mientras vagan hacia otra idea, la meditación de atención plena hace lo contrario. En atención plena, no solo no tiene ningún objeto de enfoque sino que también permite que su mente tenga pensamientos que divagan.

Antes de practicar la conciencia plena o meditación consciente, debe saber de qué se trata la conciencia plena. Ser consciente o tener conciencia tiene que ver con su capacidad de ser consciente del mundo interior que hay dentro de usted y del mundo exterior que le rodea. Es ser consciente de no solo los objetos físicos o aquellos que pueden ser vistos por sus ojos o sentidos por sus sentidos, sino también ser consciente de su cuerpo, el funcionamiento interno de su cuerpo, sus emociones y las situaciones que los desencadenan o no. y los pensamientos de todos los acontecimientos de la vida.

La necesidad de una conciencia plena comenzó con la idea de que las personas de hoy se están perdiendo ciertos detalles en sus vidas, lo que a su vez les impide vivir una vida plena. Esto se debe a que el mundo de hoy pone de relieve la capacidad de realizar múltiples tareas o hacer varias cosas al mismo tiempo, lo que a menudo se traduce en la difusión de su conciencia demasiado sobre muchas cosas para que termine sin experimentar nada en absoluto.

Por ejemplo, cuando usted almuerza en la oficina, puede estar revisando su correo electrónico, hablando con su colega y preparándose para una presentación en la tarde. Está haciendo tres cosas diferentes al mismo tiempo que almorzar. Como resultado, no se logra la saciedad que se supone que experimenta con el almuerzo. Termina comiendo más de lo que debería y el otro trabajo que está haciendo también sufre en calidad.

Esta es la razón por la cual la conciencia plena ha encontrado su aplicación no solo en la meditación, sino también en el control del peso y la salud, la gestión del tiempo y las tareas, el desarrollo profesional y otras aplicaciones contemporáneas. En el mismo ejemplo de almorzar, los estudios muestran que las personas que se enfocan en comer, prestan atención al sabor, la textura y el alimento que reciben de la comida tienen más probabilidades de sentirse satisfechos que aquellos que realizan múltiples tareas. Las personas que dedican unos minutos al día a la conciencia plena se sienten mejor.

La intención de la meditación consciente es permitirle experimentar cada pensamiento y experimentarlo al máximo. Permite que su conciencia impregne cada detalle de ese pensamiento hasta que lo haya explorado completamente hasta el más mínimo detalle. Tenga en cuenta que está desanimado por agregar opiniones, valores o juicios en el pensamiento.

Por ejemplo, sus pensamientos van a su

lugar de trabajo. Al sumergir su conciencia con el pensamiento del lugar de trabajo, no se permita hacer juicios como que su jefe es demasiado exigente, su colega no vale nada o su producción carece de calidad. Solo se le anima a estar solo consciente de los pensamientos, nada más y nada menos. Sólo está destinado a saber que el pensamiento está ahí.

La esencia de la meditación consciente es que le ayudará a observar cómo observa. Imagínese a si mismo pensando en estos pensamientos, pero al mismo tiempo, se está desvinculando y observándose como piensa. La idea es ver cómo piensa. Cuando eres consciente de cómo piensa, más allá de lo que piensa, estás más cerca del estado de la meditación consciente.

Cuando tenga estas observaciones objetivas y desapegadas, verá los patrones de sus pensamientos. ¿Cómo percibe las cosas? ¿Cómo valora a la gente? ¿Cómo asocia una persona, cosa o evento con otra cosa? ¿Cómo determina cuál es bueno y cuál es malo? ¿Cómo usa sus sentidos? ¿Prefiere ciertos sentidos sobre el otro?

¿Generalmente ignora las señales de audio o los escenarios y se concentra demasiado en las señales visuales? ¿Cuál es el ritmo de su pensamiento? ¿Es demasiado rápido para pasar por alto ciertas cosas o demasiado lento para perderse en los detalles y no poder avanzar? ¿Qué eventos activan qué estados de su mente? ¿Cómo se ve a si mismo, a sus seres queridos y conocidos? ¿Qué le hace feliz, triste, enojado o indiferente?

Recuerde, no esté haciendo juicios. Todo esto se trata de observar sus pensamientos y permitirse observarse como piensa. Puede tomar prestado de las habilidades que has aprendido en la meditación concentrada cuando se pierdes al juzgar pensamientos. Cuando se encuentra a sí mismo formando opiniones, comparando un pensamiento con otro o haciendo y finalizando juicios, debe detenerse y controlar su conciencia de nuevo en un estado neutral de observación.

Tome nota, la meditación consciente no se limita a sentarse en una habitación con las piernas dobladas. Este tipo de meditación se puede hacer casi en cualquier lugar y en cualquier momento. Desde comer, hacer ejercicio, trabajar y realizar otras actividades, la meditación consciente puede abrir su conciencia y sumergirlo en la experiencia de eventos e ideas importantes de su vida a diario, pero de todos modos importantes.

Para probar la meditación consciente, puede utilizar el enfoque de un principiante, que es el clásico sentado solo en una habitación tranquila. Esta meditación no requiere la alteración de su respiración ya que todo el propósito de la atención plena es darle conciencia de su ser presente y de todas las acciones actuales. Respire como lo haría normalmente y no ponga ningún valor en la respiración ya que es bueno o malo. Luego deje que su mente divague. Lo más probable es que se encuentre con pensamientos sobre recuerdos, próximos eventos, películas, seres queridos o cualquier otro pensamiento aleatorio. No intente lograr una mente en blanco, recuerde que estos pensamientos son importantes, incluso aleatorios. Su objetivo es ser consciente, de nada más.

Capítulo 7: Meditaciónpara la Transcendencia

Fundada por un gurú muy respetado, MaharishiMaheshYogi, la meditación trascendental o TM es una forma única de meditación. Para comprender la técnica de la TM, primero debe comprender los antecedentes de su fundador. Nacido en MaheshPrasadVarma, las circunstancias de su vida temprana aún son ampliamente debatidas porque tradicionalmente, cuando un niño entra como monje, todas las relaciones familiares se disuelven. Mahesh provenía de una familia de castas superiores y disfrutaba de los privilegios de la educación y el prestigio. Si bien los diferentes informes sugieren que estuvo empleado en varios roles, algunos dicen que fue un funcionario del gobierno, mientras que otros dicen que fue un educador, ninguno puede disputar su eventual discipulado con BrahmanandaSaraswati, otro gurú muy respetado de la época.

Tan pronto como entró en su papel de

estudiante, cambió su nombre para reflejar su decisión de dejar la vida mundana y comenzar la vida como monje y perseguir la espiritualidad. Debido a su dedicación y lealtad, estaba escribiendo en nombre de su maestro y también haciendo discursos públicos sobre las enseñanzas del budismo. Antes de la muerte de su maestro y debido a que no podía heredar el papel de su maestro debido a que Mahesh era de una casta inferior a la del maestro, se le encomendó la tarea de difundir las enseñanzas meditativas al mundo.

Mahesh no solo difundió las enseñanzas sino que también lo hizo popular tanto en el mundo oriental como occidental. Fue a la India y allí comenzó un movimiento completo llamado Movimiento de Regeneración Espiritual. Obtuvo un sólido seguimiento entre la gente. De sus viajes en la India, recibió el título de Maharishi o gran sabio. El título pronto se convirtió en parte de su nombre en sus futuros viajes fuera de la India.

Mahesh viajó más por Asia, desde

Birmania, a Tailandia, a Singapur e incluso llegó hasta Hawai. Cuando llegó a los Estados Unidos, se encontró con seguidores leales, en su mayoría de personas promedio, pero algunos miembros notables de un grupo poco probable, actores y actrices de Hollywood. También llegó a países europeos y oceánicos dando conferencias en varios salones y auditorios. De sus seguidores más famosos fueron los Beatles, a quienes lo consideraban su consejero espiritual. Hoy en día, MT es una de las formas de meditación más estudiadas y ha adquirido aplicación no solo entre los monjes en los templos, sino también entre los estudiantes de las universidades, los ejecutivos de las empresas y los funcionarios del gobierno. Los beneficios obtenidos de la MT se denominaron colectivamente el efecto Maharishi.

La MT se basa principalmente en mantras o en un sonido determinado. Se sugiere que la MT se practique diariamente durante al menos 20 minutos con los ojos cerrados. Tiene el propósito de brindarle una manera de aliviar el estrés, la ansiedad y brindarle relajación y crecimiento. Debido a que la MT es una meditación basada en mantras, a menudo se clasifica como perteneciente al tipo concentrativo de meditación. Sin embargo, el movimiento de la MT sugiere que la concentración no es vital y el objetivo es estar muy atento al mantra.

La MT comienza con la fase de eliminación de tensiones que acompaña a tomarse el tiempo para relajarse y, a la vez, emparejarla con la visualización. Puede esperar que su mente divague durante esta fase, pero esto es perfectamente normal. Sin embargo, necesitas restaurar tu atención al mantra.

No se requieren posiciones especiales para MT, pero debe cerrar los ojos mientras escucha o pronuncia su mantra elegido. Las palabras que elija actúan como su medio para degradar sus funciones mentales a un funcionamiento más simple y sereno. A medida que piensa o pronuncia las palabras, éstas entran en su conciencia hasta un punto en el que alcanzan las funciones cerebrales centrales. comienza con la fase de eliminación de tensiones que acompaña a tomarse el tiempo para relajarse y, a la vez, emparejarla con la visualización. Puede esperar que su mente divague durante esta fase, pero esto es perfectamente normal. Sin embargo, necesita restaurar su atención al mantra.

No se requieren posiciones especiales para TM, pero debe cerrar los ojos mientras escucha o pronuncia su mantra elegido. Las palabras que elija actúan como su medio para degradar sus funciones mentales a un funcionamiento más simple y sereno. A medida que piensa o pronuncia las palabras, éstas entran en su conciencia hasta un punto en el que alcanzan las funciones cerebrales centrales.

Tome en cuenta que los mantras reales son secretos bien guardados y solo se transmiten de maestros reconocidos a estudiantes. El fundador ha desarrollado una variedad de mantras y existe un criterio estricto de cómo un estudiante debe recibir y usar un mantra específico. El nivel del estudiante generalmente determina la elección del mantra. A los principiantes o novatos a menudo se les da un conjunto de mantras que progresan gradualmente a partir de los efectos cada vez mayores de la relajación.

Además, el fundador advierte sobre el uso fortuito de los mantras. El nivel del profesional no solo determina cada mantra sino también por el fondo de su usuario. Por ejemplo, se supone que el mantra Om, que se dice que es usado por la MT pero también por otras técnicas meditativas, trae a una persona mayores sentimientos de aislamiento. Se dice que este mantra es útil para aquellos que prefieren la vida de un ermitaño o aquellos que prefieren estar separados de la sociedad. Un profesional que trabaja puede ser asignado de manera inapropiada al mantra Om y requeriría otro mantra para la MT.

Hay otras especulaciones sobre las

opciones de mantra y cómo se relacionan con la persona que lo usaría. Algunas investigaciones dicen que no es el nivel en el que se basan, otros dicen que es el género, mientras que otros dicen que durante las etapas iniciales de la iniciación del estudiante, sus respuestas determinan el mantra.

Esta gran protección para los mantras se toma de la creencia de que las palabras cuando se pronuncian crean vibraciones y son estas vibraciones las que se consideran importantes en la MT. Como resultado, la MT se estudia de cerca en el campo de la eufonía y sugiere que no son las palabras del mantra las que lo hacen efectivo, sino los sonidos que produce cuando se habla.

La razón por la que se llama trascendental es porque a medida que un practicante obtiene acceso a mantras cada vez más poderosos, su mente se ejercita hacia niveles de conciencia más y más profundos. A medida que se accede a su mente subconsciente cada vez más, el practicante adquiere lentamente la capacidad de acceder al subconsciente durante un estado mental consciente. Se dice que cuando el subconsciente está en la capacidad de la mente consciente, la conciencia se expande.

Con la expansión de la conciencia, el practicante puede reducir todos los eventos y experiencias en sus formas más simples y sutiles hasta la fuente del pensamiento mismo. Cuando esto se logra, se dice que hay un estado interior de completo silencio que resulta en la trascendencia. Una persona pasa de varios niveles de conciencia durante la MT, de la vigilia, a soñar, a dormir, a la conciencia trascendental e incluso más allá, hacia los niveles de conciencia cósmicos de Dios y de unidad.

Capítulo 8: Meditaciónpara Cultivar Emociones Específicas

La meditación no es solo para expandir su conciencia, sino también para cultivar emociones específicas en su ser. El conocimiento general sugiere que las emociones son un producto de eventos y las emociones están fuera de su control. Este concepto erróneo a menudo se refleja en las palabras que siempre se usan con meditación, por ejemplo, "atrapado", "vencido", "caído" y otros similares verbos pasivos. Contrariamente al conocimiento popular, las emociones no solo están bajo su control, sino que también pueden cultivarse utilizando su voluntad.

La meditación de cultivo proviene de la idea de que las emociones están totalmente bajo su control, solo si sabe cómo tomar control de ellas y cultivarlas. La razón por la que se considera que están fuera de su control es porque puede que no esté consciente del proceso que provoca las emociones. Este es el secreto por el cual cultivar la meditaciónes posible, cuando usted es capaz de entender la verdadera naturaleza de la meditación, entonces puede tomar el control de sus emociones, en lugar de dejar que las emociones tomen el control de usted.

Antes de intentar usar la meditación para cultivar emociones, primero debe entender cómo se ven las emociones. Las emociones no son en realidad un conjunto de respuestas que nacen por costumbre o por el uso regular de una respuesta específica a un evento específico. Por ejemplo, si siempre se encuentra rodeado de personas que reaccionan con envidia hacia la suerte de otra persona, entonces, mientras más ve la envidia, más la siente y más responde con envidiaa la persona afortunada. Cuando se enfoca en esa persona, se siente el sentimiento de envidia. ¿Alguna vez ha estado en una situación similar?

Imagine lo contrario del ejemplo anterior. Las personas que le rodean que están agradecidas y tienen una perspectiva positiva en la vida. Ve la vida de una manera completamente diferente y, por ejemplo, ve a esa persona afortunada, no siente envidia sino tal vez alegría por la situación de otras personas. Como puede ver, son las condiciones las que le impulsan a sentirse de una manera determinada, pero imagine qué pasaría si pudiera crear la situación que provocaría la emoción. De esto se trata el cultivo.

La meditación de cultivo comienza con la aceptación de que, como usted, todas las personas son capaces de sentir emociones buenas o malas, pero cuando hay una opción, elegirán sentirse bien en lugar de mal. Cuando tenga esta creencia, continúe entendiendo que todas las personas, incluido usted, comparten un deseo común de evitar el sufrimiento y cumplir sus sueños. Cuando tenga esta concordancia, puede comenzar a ver el mundo, las personas y las emociones que siente desde otra perspectiva.

Cuando sabe que es como otras personas, que comparte los mismos sueños, puede comenzar a desarrollar un entendimiento para ellos. Entiende la razón por la que hacen y no hacen ciertas cosas. Esta comprensión es un concepto abstracto, pero cuando se materializa en sus acciones, se convierte en la emoción de la empatía. Cuando sabe que otras personas están sufriendo de la misma manera que usted, siente la emoción de la compasión. Cuando sabe que otras personas sienten alegría de la misma manera que usted, entonces siente la emoción de la felicidad.

Permítase meditar sobre estos pensamientos cuando esté tratando de cultivar un tipo específico o un conjunto de emociones. Si quiere ser feliz, medite en los pensamientos de cómo otras personas sienten alegría cuando pueden cumplir sus sueños y cuando pueden liberarse de su sufrimiento. Use la alegría que ellos sienten y úsela como suya. Al igual que ellos, usted puede ser alegre. Al igual que ellos, usted puede tener sus sueños cumplidos. Al igual que ellos, usted puede liberarse del sufrimiento. Cuando tenga estos pensamientos, entonces usted manifestará estas ideas en emociones, que en este caso implican ser feliz.

También puede crear emociones a través de la meditación mediante la visualización de eventos que crean las emociones deseadas. Por ejemplo, comience con sus preparaciones habituales de meditación. Ahora recuerda un evento que le ha traído la mayor felicidad en su vida. Mírese a si mismo en ese evento. ¿Cómo se mueve su cuerpo? ¿Como habla? ¿Cómo se ve su cara? ¿Qué pensamientos están pasando en su mente durante ese evento? Continúe enfocándose en su imagen durante la meditación y vea cómo fluye la felicidad de esa imagen hacia su cuerpo actual. Cuando permita que esos sentimientos se muevan hacia usted, comience a imaginarse a sí mismo de la misma manera en su estado actual.

La meditación de cultivo es una herramienta excelente y poderosa, especialmente en un mundo donde las emociones suelen ser el desencadenante de acciones positivas y negativas entre las personas. El potencial de esta meditación es tan grande que se cree que el mismo Buda ha dado una enseñanza muy específica sobre el uso de la meditación de cultivación. Completamente traducida al inglés, es la enseñanza que se puede encontrar en este link.

Para aquellos de ustedes que no pueden acceder al enlace, el enlace está escrito en su totalidad para que pueda escribirlo en su navegador.

http://www.wildmind.org/metta/introduction/metta-prayer

Capítulo 9: Meditaciónpara Autosanación

Bloqueada dentro de los límites de su cuerpo está su extraordinaria capacidad para curarse a sí mismo. El cuerpo está siempre en un estado de tratar constantemente de equilibrarse.

Si hay problemas de salud, existen mecanismos para tratar de solucionar el problema, corregirlos y devolver al cuerpo a un estado normal e ideal. Sin embargo, estos mecanismos de autocuración se debilitan con el tiempo. Notará esto cuando compare situaciones de salud anteriores. Tal vez se pregunte por qué a veces le resulta fácil recuperarse de un problema de salud inminente y en algunas situaciones, la enfermedad se apodera de su cuerpo con mayor vigor.

La razón detrás de estos cambios es que el mecanismo de autocuración se está desmoronando. Ya no puede funcionar a su máxima capacidad para regular su salud y combatir cualquier infección, herida, enfermedad o desequilibrio en el cuerpo. Por lo general, se le atribuye al estrés como el culpable de debilitar el mecanismo de autocuración. Cuando los factores estresantes diarios bombardean constantemente su mente, el mecanismo casi se frena hasta detenerse. Cuando esto sucede, su cuerpo queda vulnerable a diversos tipos de enfermedades.

Combatir el estrés es, por lo tanto, una de las mejores maneras de comenzar a reactivar el mecanismo y el primer paso que debe tomar para lograr la autocuración es tomar conciencia de su potencial. Cuanto más consciente esté de la capacidad natural del cuerpo para curarlo, más conciencia tendrá en cada célula del cuerpo. Cuando cada fibra de su ser se controla mentalmente en el modo de autocuración, su sistema inmunológico, su regeneración celular y todos los mecanismos encargados de proteger su cuerpo y también de curarlo en caso de que las enfermedades se vuelvan más activos.

Antes de someterse a las técnicas de meditación para la autocuración, es importante comprender cómo la meditación considera las enfermedades y también la salud. En esta perspectiva, la salud no solo es importante físicamente sino también mentalmente. Se cree que solo cuando la mente está en calma y consciente puede usarse el mecanismo de autocuración del cuerpo para señalar y enfocar la cura en puntos específicos del cuerpo. El crecimiento físico y mental solo es posible cuando la mente está sana.

Esto significa que para lograr la calma física o el equilibrio, primero debe haber calma mental. Solo cuando tu mente está en calma, estable y consciente puede llevar al ser a la salud total. Tenga en cuenta que cuando los practicantes usan la palabra salud, no se limitan al concepto tradicional de salud como un cuerpo libre de enfermedades. La salud en su sentido más completo sugiere la ausencia de enfermedad y el mantenimiento del equilibrio tanto en el cuerpo como en la mente. Así como el cuerpo físico puede afectar el aspecto mental de la persona, lo contrario también es cierto. Su estado de ánimo también puede afectar tu estado de cuerpo.

Aquí es donde se puede encontrar el secreto de la autocuración. El vínculo entre la mente y el cuerpo es la conciencia. Así es como la mente puede hacer que el cuerpo active sus mecanismos de autocuración. No se trata de tener los mecanismos porque esos ya están dentro de ti. En cambio, es una cuestión de hacer que su mente se dé cuenta de que es la clave para activar los mecanismos y hacer que una vez más sea útil para el cuerpo.

Otro concepto que necesita aprender es la idea del *prana* que puede traducirse como la energía vital. Las diferentes culturas tienen diferentes nombres para esta energía. Algunos lo llaman *chakra*, otros lo llaman *chi*, algunos dicen que se manifiesta en auras y otros simplemente lo conocen como la fuerza vital de la persona. *Prana* o como quiera llamarlo es la base de la salud y el bienestar de la persona. *Prana* es la energía que determina la salud del cuerpo y la mente. Cuanto más *prana* tenga, mejor será su cuerpo. Siente más energía, está más motivado y está más alerta. Usted está más sano y más protegido de la enfermedad. Cuanto menos *prana* tenga, más débil se vuelve, más desmotivado se vuelve y más desatento responde a la vida cotidiana. Tome nota que el *prana* no está necesariamente limitado solo a su cuerpo. En la creencia hindú, el *prana* representa la suma total de toda la energía en el universo, tanto de los objetos vivos como de los no vivos. Esto significa que durante su meditación de autocuración no solo confía en las energías internas para curarse asi mismo, sino que también puede aprovechar el depósito de energía en el universo para sanar su cuerpo.

Ahora que es consciente del poder y la capacidad del cuerpo para autocurarse y de las energías que puede reunir, está listo para comenzar su meditación de autocuración. Comience por asumir su postura meditativa preferida. Si bien puede tomar cualquier posición, para la autocuración, lo mejor es hacerlo mientras está acostado en una superficie plana. Si tiene una cama con grumos, puede considerar una alfombra para apoyar mejor su cuerpo.

A continuación, debe centrarse en el área que desea curar. Esto es lo que hace que la auto curación sea única en comparación con otras técnicas. Mientras está en otra meditación, o bien se está concentrando en un objeto para que pueda alcanzar la conciencia o se le permita explorar sus pensamientos a medida que entran en su conciencia, en la auto curación de la meditación hay una diferencia.

Use su conciencia y combinela con una intención de curación. Use su conocimiento combinado con su conciencia para dirigir su cuerpo hacia la curación. A diferencia de un meditador pasivo, asuma un papel más activo en esta técnica. Para lograr esto, puede utilizar la técnica de visualización. Hay varias formas de aplicar la técnica de visualización; el modo general o específico.

De manera específica, ya está teniendo un problema de salud que desea abordar. Por ejemplo, usted tiene un dolor en el área de su estómago. Use la técnica de visualización para visualizar el área de su estómago en su mente. Sienta el estómago y su forma, imagine los vasos sanguíneos a medida que transportan nutrientes hacia su estómago. Imagine el área donde se encuentra el dolor y la sangre la infundirá con más energía para repararse a sí mismo. Sienta el dolor a medida que cede lentamente. No habrá desaparecido por completo, pero sentirá alivio.

De manera general, es posible que no tenga que resolver ningún problema o que esté buscando algo que le aflije, pero que no puede identificarlo. Permita que el proceso de visualización lo guíe donde está el problema de salud o donde usted es más vulnerable para desarrollar una enfermedad. Imagine cada parte de su cuerpo, sígala con un escáner corporal. Sienta cada parte de su cuerpo y permítase sutilmente que su conciencia lo dirija hacia el área que necesita atención. Sienta la energía vital que recorre su cuerpo. Comience con su cabeza, su cuello, sus hombros, su pecho, su ingle, sus brazos izquierdo y derecho, sus piernas izquierda y derecha y sus pies izquierdo y derecho. Conceda a cada parte al menos 10 a 20 segundos de enfoque, deseando que su *prana* infunda cada parte.

Recuerde, la meditación para la autocuración no pretende reemplazar ninguna receta o tratamiento médico que esté recibiendo en este momento. La meditación es más una solución complementaria a sus necesidades de salud. Si planea utilizar la meditación autocurativa como sustituto o como alternativa a sus requisitos de salud, consulte a su médico.

Capítulo 10: Meditación UsandoVipassana

Vipassana, o traducido aproximadamente como, ver las cosas como realmente son, es posiblemente una de las técnicas más viejas y antiguas de la meditación. Por lo general, se la denomina técnica para lograr una visión de la realidad real y superar las ilusiones del mundo actual. Enseñado por el mismo Buda a sus seguidores, se transmitió de maestro a alumno hasta que se convirtió en el movimiento Vipassana. Desconocido para muchos, el movimiento moderno de atención plena se remonta al movimiento Vipassana.

La meditación Vipassana se centra en la conciencia de cuatro actividades humanas principales; respiración, pensamientos o ideas, sentimientos o emociones y acciones. Mientras está bajo esta conciencia, la meditación también se utiliza para centrarse en los conceptos de cómo el mundo es impermanente, cómo lograr una visión y cómo algunos eventos crean dolor y sufrimiento.

Si bien existen diferentes aplicaciones tanto de Vipassana antigua como de atención moderna, hay etapas que son similares en todas las aplicaciones. El primer paso es la exploración del cuerpo, aquí se centrará en cómo comienzan y terminan las partes del cuerpo. Se trata de realizar diversos fenómenos como impermanentes. Nada realmente dura para siempre, los eventos aparecen y desaparecen y dejan de existir. Incluso para los meditadores expertos, esta realización puede ser difícil y requerirá práctica y esfuerzo antes de que se pueda lograr por completo.

A medida que avanza hacia la segunda etapa, gradualmente se acostumbrará al enfoque requerido de la atención plena. A medida que adquiera más y más experiencia y disciplina, el esfuerzo que una vez ejerció para lograr la exploración desaparecerá. Será más fácil hasta el punto de que se convertirá en una segunda naturaleza para usted. Después de esta etapa, pronto experimentará solo el enfoque y la felicidad de la meditación. La etapa final es la de la conciencia pura y el enfoque. No hay más distracciones, no se necesita más esfuerzo ni más suposiciones falsas de la realidad. Lo único que queda es su acceso al conocimiento puro y la verdadera realización de la realidad. Eventualmente, esto le llevará a la libertad de su mente.

A través de este tipo de meditación, es

capaz de transformarse. A medida que persigue su observación de si mismo, puede encontrar el vínculo entre su estado físico y su estado mental. A medida que se vuelva más disciplinado en su enfoque en las sensaciones que siente al usar su mente, podrá filtrar aquellas que solo son esenciales en su mente. Su conciencia, a medida que madura, se volverá más y más disciplinada hasta el punto de que puede eliminar cualquier distracción o impureza en su mente y conciencia.

Existen diferentes métodos para lograr el estilo de vida Vipassana y es uno de los más rigurosos. Si bien las recompensas al final del viaje son realmente grandes, hay muchos sacrificios que deben hacerse. Diferentes escuelas y tradiciones tienen diferentes recomendaciones sobre cómo realizar la meditación y cómo prepararse para ello.

Por ejemplo, una variación recomienda un estricto código de disciplina que debe observarse dentro de un período de 10 días. Durante estos días, hay un período de abstinencia. Se desalienta cualquier forma de alcohol, vicio, robo, actividad sexual y asesinato. Esto está destinado a mantener la mente pura y libre de distracciones para que la persona sea más receptiva a las enseñanzas. La siguiente es la etapa donde se requiere que los estudiantes entrenen sus mentes para desarrollar la conciencia. Aquí es donde se observan las técnicas de respiración. Esta es una fase preparatoria en las etapas sucesivas de la capacitación.

La tercera fase involucra el verdadero método; Vipassana. Con la persona libre de distracciones y con los músculos de su conciencia entrenados y listos para el siguiente nivel de ejercicios, ahora se observan sensaciones en todas las partes del cuerpo. Para cada sensación que se siente, se espera que la persona reaccione de manera neutral, sin opinión y sin asociación, solo la sensación en sí misma. La etapa final es una reunión de todos aquellos que han aprendido las etapas y compartir entre sí sus lecciones.

Para comenzar su meditación Vipassana, comience con algunos ejercicios de respiración mientras está descansando cómodamente en una posición sentado. Use su respiración para guiarse en el desarrollo de su conciencia. Sienta el aire a medida que entra por sus fosas nasales, a través de sus pulmones y al resto de su cuerpo. Sienta como sale de su cuerpo a través de su boca y sus labios. Cuando sienta que se mueve alrededor de su cuerpo, use esta sensibilidad aumentada para guiarle en los pasos siguientes.

Declare afirmaciones positivas de su parte, puede decir: "Que sea feliz y libre". Cualquier declaración que desee su felicidad, salud y crecimiento servirá para este ejercicio. Es importante que antes de ingresar a la meditación Vipassana, realmente crea que su vida puede ser feliz y que puede tener libertad.

A continuación, debe buscar para su mente donde su verdadera felicidad pueda encontrarse y qué es, en primer lugar. Tenga en cuenta que durante su viaje, puede pensar que la felicidad se puede encontrar en los recuerdos del pasado. Se dará cuenta de que esto no es así porque el pasado ya se ha ido y la verdadera felicidad no se puede encontrar en los recuerdos. A continuación, puede intentar encontrar la felicidad en el futuro, en el cumplimiento de sus planes o sueños. Una vez más, verá que la verdadera felicidad no está en el futuro, porque el futuro aún está por llegar.

Lo único que queda ahora que puede ser la fuente de la verdadera felicidad, es el presente. Ahora que se está acercando a encontrar lo que está buscando, el siguiente paso es mirar más profundamente. Empiece a identificar sus fuentes de felicidad. Cuidado: El dinero, las casas, los automóviles, las joyas, las relaciones y las personas no son fuentes de verdadera felicidad. Son impermanentes, vendrán y se irán. Tiene que buscar aún más profundo. La verdadera fuente de la felicidad es algo que está libre de dolor, sufrimiento y muerte.

La búsqueda puede ser ayudada por el uso de herramientas, la meditación es una de ellas y la afirmación positiva es otra. Otra herramienta es, propagar esta afirmación y expresar este estado mental a las personas que lo rodean. Por ejemplo, si está buscando la verdadera felicidad, entonces, durante sus momentos de vigilia, tratar de difundir la buena voluntad entre las personas que le rodean, independientemente de quiénes sean en su vida. Esto significa que debe dejar de lado los rencores y otros pensamientos negativos que solo cargan su relación.

Una vez que la mente está despejada de estas negatividades y llena de afirmaciones positivas, su mente está preparada para encontrar la verdadera felicidad. Puede avanzar más con sus ejercicios de respiración y despejar su mente para la búsqueda hasta que llegue a su percepción.

Capítulo 11: Meditación en MovimientoTai Chi

Generalmente asociado como un arte marcial, el Tai Chi puede rastrear sus raíces con influencias de los principios de la meditación. Originalmente utilizado como un arte marcial para la defensa y la mejora de la salud y, por supuesto, de la conciencia mental, esta es también una forma de meditación. La gran influencia de la meditación en este arte marcial se remonta a sus fundadores, que se dice que son monjes budistas o taoístas. Si bien el tema de sus fundadores y otras circunstancias de sus orígenes aún son ampliamente debatidos, nadie puede cuestionar la calma mental y la fuerza física que el Tai Chi puede proporcionar.

El Tai Chi tiene diferentes estilos. Se reconocen ahora al menos 5 estilos y se asocian con la familia que fundó y modificó la práctica original para satisfacer sus necesidades y preferencias. Por supuesto, a medida que el Tai Chi ha progresado y ampliado su alcance a diferentes usuarios, hay más variaciones ahora. Aparte de su uso como deporte, el Tai Chi también encontró su camino en varios entornos de atención médica en todo el mundo.

Por ejemplo, las clínicas y los hospitales han estado enseñando regularmente los principios del Tai Chi a sus pacientes. El gobierno ha abierto centros de Tai Chi orientados a los miembros mayores de la sociedad. Además, el Tai Chi todavía se está utilizando como deporte. Las muchas variaciones del deporte causaron su explosión hacia la aceptación en el mundo occidental.

Aparte de la salud física, la defensa y el deporte, el Tai Chi también se utiliza como una forma de meditación en movimiento. La idea detrás de su uso radica en el concepto de energía. Se cree que a través del uso del movimiento, las energías fluyen libremente y también son atraídas hacia el cuerpo. Los patrones de movimiento se repiten hasta que se alcanzan nuevos niveles de conciencia en cada repetición del movimiento.

Otra razón por la cual el Tai Chi también es beneficioso como ejercicio de meditación es debido a los patrones de respiración que se incorporan al movimiento. Por ejemplo, cada posición o movimiento requiere un componente de respiración correspondiente para aumentar las propiedades relajantes del ejercicio. Cuando se hace esto, el Tai Chi se convierte en una experiencia verdaderamente meditativa que se centra en el movimiento para lograr una mayor conciencia.

Hoy en día, el Tai Chi se practica en todo el mundo y ya no se limita a los ancianos en el parque. La práctica se realiza en escuelas, hospitales y otras instalaciones similares que fomentan la salud y el bienestar. Se ha encontrado que tiene resultados como la mejora de la salud, el alivio del estrés además de su beneficio como técnica de meditación.

Hay varias formas de realizar Tai Chi. Una de las más básicas es la técnica de pie. Primero, párese en el suelo con los pies separados al ancho de los hombros. Doble las rodillas ligeramente y levante los dedos de los pies para que apunten hacia su cabeza. Sosténga la cabeza hacia arriba y arrugue los hombros y relájase.

Inhale y exhale respirando profundamente. Cierre los ojos y repita el patrón de respiración hasta que se sienta tranquilo y relajado. El siguiente paso implica que se concentre en el área hacia sus pies. Sienta cómo sus pies están firmemente plantados en el suelo. Sienta la conexión que ha establecido. No hay separación entre sus pies y el suelo, sus pies son como las raíces de los árboles que extraen energía del suelo.

Cuando inhale, puede imaginar en su mente las energías extraídas de la vasta reserva de energía de la tierra. Deje que la energía que ha dibujado infunda su cuerpo con energías positivas. Úselo para limpiarse de las negatividades y motivarse hacia las acciones y el progreso. Mientras use la energía, permítale una vez más regresar a la tierra. Al exhalar, también se purga de negatividades.

Este primer y básico paso se llama enraizamiento y es la base de otras posiciones de Tai Chi. Casi todas las posiciones comienzan con esta rutina de pararse en el suelo, plantando ambos pies y luego extrayendo energías del suelo. Cuando se haya arraigado, puede moverse más lejos a su primera posición de Tai Chi.

Levante lentamente el talón izquierdo y mantenga los dedos de los pies en el suelo. Doble la rodilla izquierda ligeramente para acomodar el talón levantado. Baje la cintura ligeramente y permita que la otra rodilla se doble. Luego, levante su brazo izquierdo y lleve su palma hacia la parte frontal de su estómago. Mantenga su palma izquierda apretada en un puño. Para su brazo derecho, levántelo de manera que su palma derecha esté al nivel de sus ojos. Mantenga esta palma abierta. Mantenga la posición durante unos segundos y luego invierta el movimiento para devolver el cuerpo a la posición de pie.

Cuando se mueva para alcanzar esta posición, asegúrese de hacerlo lentamente. Al tomar la posición, enfoque su atención desde el pie hasta la punta de su cuero cabelludo. Desde los dedos de los pies que tocan el suelo, las plantas de los pies, las piernas y las rodillas y la cintura, puede moverse hacia el estómago, el pecho, los brazos, el cuello y hasta la cabeza. Permítase influir, esto demuestra que ya se encuentra en un estado relajado porque aún mantiene el equilibrio.

Es digno de notar que a pesar del lento movimiento del Tai Chi, en realidad quema calorías, esto significa que, aparte de sus beneficios meditativos, también puede usarse como una forma de controlar su peso y mejorar su salud. El Tai Chi también se considera un ejercicio de bajo impacto que puede ser apropiado para practicantes de edad avanzada o mujeres embarazadas. Mientras no tenga problemas en las articulaciones, fracturas y dolor de espalda, el Tai Chi generalmente es seguro. El Tai Chi tiene un impresionante historial de investigación médica para demostrar sus beneficios contra problemas de salud menores y mayores. Algunas de estas enfermedades incluyen artritis, enfermedad cardíaca, disminución de la densidad ósea, insomnio y se usa como terapia para pacientes con accidente cerebrovascular.

Capítulo 12: Meditación en Movimiento - Caminar

Caminar es posiblemente una de las actividades más mundanas y tomadas por sentado. Es una acción ordinaria que ni siquiera se piensa en absoluto como una actividad. Se piensa que es algo automático y se dará cuenta de que cuando camina, ni siquiera piensa en caminar, es algo natural para usted. Puede sorprenderle que esta actividad simple le pueda ofrecer grandes beneficios, ya que se puede usar como una técnica de meditación en sí misma.

La meditación en movimientoes una rama de la escuela de atención plena de la meditación. Los mismos principios se aplican al igual que con otras actividades realizadas de manera consciente. En la alimentación consciente, usted toma su comida como es. No hay teléfonos para mirar, no hay periódicos para leer, no hay televisión para mirar y no hay nadie con quien hablar durante la comida. Simplemente come la comida, nada más y nada menos. Saborea cada bocado, cada textura y cada sabor.

Este es el mismo principio que debe aplicar para lograr esta técnica con éxito. Si bien se denomina meditación en movimiento, puede referirse a cualquier tipo de movimiento. Cuando se aplica a caminar, observa cada paso y se enfoca de la manera más consciente. Sienta cada paso y aliento que toma. Debido a que su naturaleza tiene que ver con el movimiento y la conciencia, esto significa que la meditación para caminar se puede hacer en casi cualquier lugar. Ya sea que vaya a la oficina, vaya al centro o al parque, intente caminar meditando. Como debe saber, la meditación no siempre requiere una habitación tranquila donde esté solo y con incienso o música. Esta es la misma forma de caminar, puede elegir una ruta a pie que sea tranquila o incluso una calle concurrida.

Si bien puede disfrutar de los beneficios de caminar en cualquier lugar, si es un principiante, se recomienda que primero elija un camino lo más tranquilo posible.

Necesita minimizar tantas distracciones como sea posible para entrar en ese estado consciente. Nuevamente, cualquier lugar puede ser usado como una ruta, pero con el fin de aprender o disciplinarse a si mismo para caminar, es mejor que comience con rutas para principiantes.

Nuevamente, no necesita usar nada especial para probar caminar. Sin embargo, se recomienda que use ropa holgada y zapatos cómodos para mantener su mente neutral y evitar la incomodidad de la ropa apretada o los zapatos pesados o altos. Recuerde, además de la caminata, también debe vigilar la respiración como parte del ejercicio de meditación.

Comience su primer paso, tómelo lo más despacio posible. Sienta las rodillas en sus piernas mientras se doblan y se extienden. Observe cada hueso en su pierna, ya que apoya al resto de su cuerpo en la posición que está tomando. Tan pronto como las plantas de sus pies descansen en el suelo, sienta el peso de su cuerpo mientras los pies lo apoyan. Sienta el suelo con sus pies, aprecie cada golpe y grieta que sienta en la planta del pie, ya que siente el suelo debajo de usted.

De el siguiente paso adelante. Manténga su ritmo lento. No hay prisa, no tiene prisa por llegar a un destino, por completar un recado o por completar una ruta, simplemente está allí dando un paso y otro, de forma lenta, relajada y tranquila. Está en silencio, su mente y su cuerpo solo son conscientes del paso que da. No hay viento, no hay luz deslumbrante y no hay nadie que le distraiga. Solo es usted, el paso y la caminata.

A medida que libere su mente de todas las distracciones, deje de lado la ansiedad, el estrés o la preocupación que está llevando consigo. Así como el viento, la luz y otras cosas son solo distracciones que ha dejado ir, puede hacerlo también con estos factores estresantes en su vida. Libérelos de su mente y maravíllese con la paz que está sintiendo lentamente mientras está dando un paso hacia otro.

Mueva sus pies, uno hacia el otro, repita el patrón. Lenta, segura, silenciosa y pacíficamente. Sienta el patrón que está utilizando. Use la misma forma en que observa la forma en que respira durante los ejercicios de respiración meditativos, pero esta vez al caminar. Sienta como su cuerpo se mueve, el músculo se contrae y relaja. Sienta el movimiento. Sienta el momento.

Visualice cada paso que toma como algo que le brinda alegría, paz y esperanza. Si desea asociar este movimiento que está tomando, se dice que el mismo Buda, cuando dio sus primeros pasos después de nacer o después de alcanzar la Iluminación con cada paso que dejó, una flor de loto floreció en el lugar. Utilice esta visual como su guía, a cada paso que tome, eliminará los dolores y el sufrimiento de su mente. Cada paso que da solo produce conciencia y paz. Pronto notará que ya no está tomando un camino o siguiendo el camino que tenía previsto tomar.

La meditación en movimiento está completamente desprovista de intención u objetivo. No está caminando, así que puede ir a alguna parte, no está caminando, así que puede hacer ejercicio y a medida que avanza, ya no está caminando, así que puede meditar. Está caminando solo por el hecho de caminar y está en plena conciencia de tener una mente llena de nada más que paz.

A medida que se mueva, pronto desarrollará ideas. Cada persona tendrá una visión diferente cuando camina. Algunos se dan cuenta de que su vida se trata de estar en el momento. Así como siente cada paso que da, lo mismo vale para la vida. En el momento en que su otro pie abandona el suelo, es su otro pie el que ahora está parado en el suelo. Ese es el presente. Esto es lo mismo para la vida, la vida está en el momento. No hay vida en el pasado, simplemente porque ese tiempo ha terminado y ahora está en el tiempo actual. No tiene sentido detenerse en el pasado o enfocar su conciencia en cosas que ya se han ido.

De la misma manera, si no concentra su atención en el pasado, también se dará cuenta de que no puede concentrarse en el futuro. No tiene forma de estar alerta o consciente del próximo paso que dará porque aún no ha ocurrido. Cuando se enfoca en el presente, puede dejar de preocuparse por el futuro porque sabe que, independientemente de cuántas horas o días trate de anticipar y controlar el futuro, solo el presente está bajo su control.

Permita que cada paso que tome se convierta en un símbolo de dejar ir los arrepentimientos del pasado y las preocupaciones por el futuro. Cada paso es vivir el momento y aprovechar al máximo.

Capítulo 13: Suministros para la Meditación

Si bien estos suministros no son esenciales para practicar la meditación, la mayoría de los meditadores utilizan algunos de ellos para crear un entorno más propicio que se ajuste a sus necesidades. Cada persona tiene un entorno único que les facilita alcanzar el estado meditativo o ignorar las distracciones. Esta sección le presentará los suministros de meditación y le mostrará sus opciones en caso de que necesite suministros para su meditación.

Vestimenta, Mat &Lugar

Como mínimo, puedevestir ropa cotidiana para la meditación. Tiene que elegir bien lo que usa porque quiere tener la mayor libertad de movimiento posible. Esto tiene la intención de dar a sus ejercicios de respiración la libertad que requieren para expandir sus pulmones, elevar sus hombros y otros movimientos no restrictivos.

Si prefiere usar ropa que esté estrechamente asociada con la meditación, tiene varias opciones. Comenzando con un chal o manta de rezo. Esta es una capa de gran tamaño que puede colocar alrededor de todo su cuerpo para brindarle el calor necesario y, al mismo tiempo, la libertad de movimiento. Para los hombres sus opciones son simples camisas blancas que son holgadas y con mangas. Están hechos de una variedad de materiales que permiten que se enfríe el aire suficiente. Para las mujeres, también puede tener las mismas camisas pero con un corte más femenino. Otro popularartículo es el pantalón blanco, hecho de tela elástica. Hoy en día, las mujeres también se ponen tops y pantalones de Kundalini.

También hay superficies que puede utilizar para alcanzar sus posiciones. Algunas incluyen cojines redondos y tapetes planos. Si bien estos son importantes para que se sienta cómodo, solo están destinados a mantenerlo lo más relajado posible. Cuando elija entre una variedad de cojines, intente alejarse de los cojines que son demasiado cómodos. Elija solo aquellos que ofrecen la capa necesaria entre un piso duro y usted. Si el cojín es demasiado cómodo, corre el riesgo de quedarse dormido.

Los bancos también pueden ser una mejor alternativa a solo cojines; le brindan el apoyo que necesita sin necesariamente ser demasiado cómodo. Además, estos bancos le permiten alcanzar ciertas posiciones que pueden ser demasiado incómodas cuando se realiza durante períodos prolongados. Por ejemplo, si su postura de meditación requiere que usted se siente en sus piernas dobladas, entonces necesita un banco para evitar que el peso de su cuerpo presione sus muslos. Un banco permitirá que sus pies se plieguen cómodamente en una ranura debajo de la superficie real donde está sentado.

Su lugar también puede ser el sitio para enfocar sus objetos. Hay diferentes objetos que puede usar. Uno de los habituales es un altar donde se pueden colocar estatuas de Buda y otras figuras veneradas en los círculos del budismo y la meditación. En este altar también se pueden colocar cuencos que puede llenar con arroz, flores y otros regalos. Nuevamente, tenga en cuenta que el altar no es similar a los altares de otras religiones. Solo está destinado a ser utilizado como un lugar para enfocar su atención y no para adorar a las deidades como con otros altares.

Para hacer que su sala de meditación sea aún más especial, puede incluir muebles. Los más comunes son las pantallas que se pueden usar para brindarle un mejor espacio para la privacidad y un área más especial que puede usar. También hay banderas de oración, pancartas y otros accesorios que puede colgar alrededor de la pared. Para ventanas que son demasiado brillantes, también puede agregar cortinas con diferentes diseños orientales.

Las velas también son importantes, no solo como objetos de enfoque, sino también como una manera de hacer que el ambiente sea más relajante. La luz blanca de las bombillas es muy dura para los ojos y solo puede distraerte durante tu meditación. Las velas que a menudo son débiles pero que aún proporcionan luz visible pueden hacer que la habitación sea más relajante. Las lámparas también son alternativas.

Otros artículos que puede agregar son gongs y tazones. Recuerde que el sonido tiene una importancia particular en la meditación y estos elementos producen patrones de sonido únicos que pueden crear un ambiente contemplativo para los oyentes. Los gongs generalmente se usan como parte de una meditación grupal, a menudo se usan para señalar el comienzo o el final de una meditación. También se utiliza para establecer el tono o el ritmo que prescribe el profesor. Por ejemplo, a cada sonido del gong se supone que debe respirar y al siguiente sonido es una señal para exhalar.

Los tazones de meditación no son los tazones habituales que se utilizan como recipientes. Llamados cuencos cantores, estos cuencos vienen con una varilla metálica gruesa. Esta varilla se sujeta con las manos y luego la punta se hace deslizar alrededor del borde del tazón. Cuando la barra entra en contacto con el borde, se produce un sonido distintivo. El sonido es muy suave y calmante; puede ayudar a su meditación. Otros elementos similares que se utilizan para producir efectos son los platillos llamados *tingsha*. Estos son instrumentos que se usan generalmente para cantos, canciones y otras ceremonias. Se cree que el sonido purifica un área para ayudar a la mente a enfocarse más en la meditación.

Aceites, Incenso& Esencias

Los aceites esenciales son otra adición interesante a su sala de meditación. Cada olor está asociado a una cierta emoción. Se cree que estos aromas tienen la capacidad de desencadenar una amplia gama de pensamientos, emociones y sentimientos. El incienso también tiene el efecto calmante que hace que la meditación sea más fácil que hacerlo sin ninguno de estos suministros. Si bien es completamente opcional, puede comprar estos inciensos y agregar otro grado de calma a su habitación. Los tazones, donde se puede colocar el incienso, también se pueden usar para que la ceniza no ensucie su habitación.

Por ejemplo, los aceites esenciales que comúnmente se asocian con el alivio del estrés y la relajación son los aromas de vainilla, lavanda y romero. La idea detrás de la propiedad relajante de la vainilla es que su olor es similar al de la leche materna, lo que fomenta una sensación de protección y seguridad. Cada vez que la mente detecta el olor, desencadena los recuerdos de la misma calma.

La lavanda es otro aceite esencial que puede considerar. Notará que la mayoría de los productos que sugieren que tienen propiedades relajantes casi siempre tienen un aroma o un ingrediente que es la lavanda. Se dice que es potente para aliviar los problemas del sueño, como el insomnio, la inquietud y otros problemas de salud similares.

Finalmente, se dice que el romero es el mejor para mejorar su capacidad de concentración. Aumenta su enfoque y su atención y también relaja la mente. Este es uno de los mejores aromas para elegir cuando está utilizando una técnica de meditación que requiere concentración total.

Recuerde observar las precauciones de seguridad durante el uso de estos aceites. Los aceites esenciales, en su forma más pura, son muy inflamables e irritantes para la piel. Asegúrese de comprar quemadores y aceites portadores para diluir la potencia y al mismo tiempo liberar el aroma de los aceites.

Música Ambiental&Guías de Audio

La música también se puede reproducir durante la meditación. En lugar de canciones, himnos o cualquier cosa con palabras, la música que se usa generalmente proporciona música ambiental o de fondo tomada de acontecimientos naturales en la naturaleza. Por ejemplo, si se siente cómodo con el sonido de las olas que caen suavemente en cascada en la playa, simplemente puede utilizar este tipo de música durante su meditación.

Hay diferentes tipos de música ambiental

disponible. Mientras que algunos se pueden comprar, también puede transmitir videos gratis. Sus opciones son amplias, desde sonidos del océano, grillos, gotas de agua, lluvias suaves, pájaros que cantan, cascadas y otros sonidos de la naturaleza. Se puede acceder a estos sonidos en YouTube o descargarlos de las principales fuentes web de meditación.

Otro sonido digital que puede usar para la meditación son las guías de audio. En lugar de ir a los templos o instalaciones que albergan grupos de meditación, puede aprovechar las audioguías. Estas son esencialmente las grabaciones de un gurú, que habla palabras que pueden guiar su meditación. Por ejemplo, si desea probar la meditación autocurativa pero es su primera vez, es posible que desee tener una guía que lo pueda guiar hacia los pasos adecuados.

Mantras &Sutras

Los mantras, traducidos aproximadamente como palabras sagradas o expresiones sagradas, son una variedad de pronunciaciones de sonidos, sílabas, palabras, frases o una colección de estos, llamados sutras. Se cree que estas palabras poseen algún tipo de poder debido a su capacidad para aprovechar la fuerza psicológica primordial o el poder espiritual. Los mantras no son necesariamente gramaticalmente correctas o palabras reales en absoluto. En cambio, su valor radica en el sonido que producen y el pensamiento que simboliza.

Hasta hace 3000 años, se decía que los mantras se originaron en el este de Asia y pueden rastrear sus raíces en diversas filosofías, incluyendo el budismo y el hinduismo. Sin embargo, incluso las religiones del mundo como el cristianismo y el judaísmo poseen canciones que tienen el mismo valor espiritual que los poderes del mantra. En estos casos, son los himnos, canciones y otras herramientas similares que se usan generalmente en la música asociada con ceremonias religiosas. En las escuelas de pensamiento budista e hindúes, los mantras son más que palabras. Se convierten en un objeto de gran reverencia, una herramienta vital en la búsqueda de conciencia de cualquier persona. También es una práctica personal, que lleva a que las personas desarrollen o reciban sus propios mantras que son únicos y que no se pueden encontrar en ningún otro lugar ni que nadie más los posea. Estos mantras se convierten en símbolos de grandes verdades, como realidad, paz, felicidad, conciencia, conocimiento y otras virtudes.

Algunos mantras son comúnmente conocidos y utilizados por grupos de practicantes individuales, pequeños y grandes. Algunos están ocultos en secreto, y se cree que algunos son demasiado grandes para ser divulgados a los no iniciados. Técnicamente, no significa nada, no es realmente una palabra. Su valor reside en el sonido que se produce cuando se pronuncia. Si bien todavía hay un debate sobre si los mantras son palabras reales. (Por ejemplo, tener un significado real o si realmente no tienen significado, son solo símbolos de pensamientos o ideas abstractas).

Algunos mantras son solo sonidos o

sílabas. Algunos son tan cortos como una sílaba. Algunos mantras son más largos que las palabras, pero llenan libros enteros convirtiéndose en sutras o escrituras. En el medio hay canciones, oraciones y cantos que se utilizan al estudiar a los monjes y gurús.

El mantra más común y generalmente usado para los principiantes es el Aum o el Om. Conocido como el mantra pranava, se considera el origen de todos los mantras. La leyenda de OM dice que antes de todo lo demás, antes de la creación de los mundos, existía una existencia única, el Uno, Brahma. Su manifestación, la primera expresión de su realidad fue a través del sonido, que fue Om. Es este primer mantra el que se atribuye a ser el sonido primordial y la base de todos los sonidos sucesivos y otras manifestaciones. Los mantras se pueden repetir varias veces en cualquier sesión de meditación dada, pero hay números que producen el mejor efecto. Por ejemplo, puedes repetir un mantra para 5, 10, 28 con el número más afortunado de repeticiones siendo 108.

Aparte de Om, el mantra para el infinito, también hay otros mantras que se usan ampliamente. Algunos de ellos son:

Mantra Pavamana

De lo irreal, llévame a lo real.
De la oscuridad, guíame a la luz.
De la muerte, guíame a la inmortalidad.

Mantra Shanti

Om que los estudios que juntos emprendamos sean radiantes.
Que no haya animosidad entre nosotros.
Om Paz. Paz. Paz

Gayatri

Meditemos en la excelente gloria de la Luz divina.
Que estimule nuestros entendimientos.

Pratikaraman

Pido perdón a todas las criaturas, que todas las criaturas me perdonen
Que tenga amistad con todos los seres y enemistad con ninguno.

Mantra

deAvalokitesvara&OtrosBodhisattvas
Ommanipadmehum- por compasión
Omvagishvarahum- porsabiduría
Omamaranijivantayesvaha- porvida eterna
Omnamoganeshaya- porprincipios
Omnamolakshmai- por prosperidad
Omnamoshivaya- por tranquilidad
Omnamonarayana- porequilibrio
Om tara- porsanación

Tenga en cuenta que no está limitado al uso de los mantras mencionados anteriormente. Si bien estos mantras antiguos y poderosos son realmente altamente recomendados para su uso como parte de su meditación, usted es más que bienvenido a elegir entre las versiones más modernas de mantras. Mantra y sutras son palabras que tienen un significado especial para usted. A menudo se usan repetidamente durante la meditación como un objeto de enfoque. Cuando usa las palabras, recuerde el simbolismo que representan.

Aquí hay algunos ejemplos de lemas convertidos en mantras personales de aquellos que los han desarrollado y que ahora están compartiendo con otros practicantes.

Por otro lado, los mantras, que son herramientas personales para su viaje único hacia la conciencia, también pueden crearse por su cuenta. Desarrollar un mantra es en sí mismo una parte de su viaje. Para desarrollar su mantra, puede comenzar con la visualización de su meta en el futuro. Por ejemplo, "estaré sano".

A continuación, identifique la razón principal por la que no está logrando ese objetivo. Si hay muchas razones, entonces trate de pensar en la única razón que, si se elimina, podría hacer que otras razones también desaparezcan. Por ejemplo, si está luchando con su salud debido a tomar decisiones incorrectas en su dieta y frecuentemente pierde sus sesiones de ejercicio, entonces su principal razón podría ser: "Me falta la disciplina".

Ahora, transforme la razón negativa primaria en una causa positiva y cambie el tiempo futuro de la declaración de metas en una afirmación actual. El resultado será: "Estoy sano porque soy disciplinado". Use este mantra para afirmar su éxito y su viaje cada vez que medite. Si tiene un punto focal, puede escribir las palabras y hacerlas visibles en su sala de meditación. Permita que la información positiva lo motive hacia el éxito y deje que los pensamientos de su salud lo impregnen durante sus sesiones.

Capítulo 14: Prácticas Diarias deMeditación

Practicar la meditación no es solo tomar unos minutos de paz y tranquilidad de vez en cuando. Tiene que ser parte de su vida diaria. Las personas que han incorporado sistemáticamente la meditación en su rutina diaria han mejorado significativamente su bienestar mental, emocional y general. Para que verdaderamente experimente los beneficios de la meditación, debe comprometerse a practicarla regularmente para que se convierta en un hábito.

Lo mejor de la meditación es que cualquiera puede hacerlo. Va más allá de la raza, la orientación sexual o el estatus socioeconómico; mientras ponga su mente y corazón en él, sin importar quién es o lo que hace, puede meditar, desarrollar un sentido más profundo de si mismo y aprender a vivir siempre en el presente. Puede desarrollar el hábito de meditar diariamente simplemente teniendo en cuenta cómo gasta su tiempo y cómo realiza su rutina diaria. La mayoría de nosotros, sin saberlo, vamos al modo "piloto automático" desde el momento en que nos despertamos hasta el momento en que nos retiramos a la cama. A veces nos metemos en la espiral de pasar por nuestro día sin pensar porque nuestras tareas diarias han sido arraigadas en nuestro sistema para que no tengamos que prestarles demasiada atención. Nuestros cerebros están programados biológicamente para codificar ciertas tareas que nos ayudan a combinar la enorme cantidad de información que encontramos todos los días. Esta es la razón por la que no tenemos que esforzarnos demasiado para hacer tareas cotidianas como comer, ir por el camino al trabajo o la escuela, o encontrar el camino al baño por la noche. Cuando practicas la meditación diariamente, también se convertirá en una parte habitual de tu rutina.

Establecer una rutina diaria de meditación es simple, pero no tan fácil. Debe tener el deseo, el compromiso y la disciplina antes de poder desarrollar con éxito el hábito de meditar diariamente. Aquí hay algunos consejos sobre cómo puede comenzar a meditar de forma regular:

1. Fije un lugar y momentoespecífico

El propósito principal de tener un tiempo específico y un lugar propicio para meditar es que incorpore fácilmente esta nueva actividad en su rutina diaria. Puede elegir cualquier momento para meditar, pero el momento más ideal es el momento en que se levanta por la mañana. Esto se debe a que comenzar temprano podría preparar su mente y su cuerpo para las cosas que tiene que hacer durante el resto del día. Además, es más probable que comience el día con una nota positiva cuando medite a primera hora de la mañana.

2. Sea Flexible

Invitaciones repentinas, cambios en el horario y otros eventos inesperados son inevitables. No importa lo duro que intente mantenerse comprometido, habrá días en los que tendrá que reprogramar o mudarse a otro lugar para meditar. En este tipo de situaciones, es importante mantener un cierto nivel de flexibilidad en su horario para que no se desanime a continuar su desarrollo cuando surja algo más.

3. Recuerde siempre los beneficios

Uno de los motivadores más efectivos para practicar la meditación diariamente son sus beneficios. Le resultará más fácil dedicar un cierto tiempo para hacer una pausa y meditar cuando mantiene sus ojos en el premio. Al recordarse constantemente las maravillas que la práctica de la meditación podría brindarle, es más probable que se concentre en fortalecer su hábito de la meditación diaria. Puede hacerlo enumerando sus objetivos de meditación y publicándolos en lugares estratégicos, como el espejo de su baño o la mesa de noche.

4. Tenga un Acompañante

Tener a alguien para recordarle que permanezca constante y disciplinado en su búsqueda de desarrollar el hábito de la meditación lo beneficiará enormemente. También podría funcionar a la inversa. No tiene que meditar en el mismo tiempo o lugar, pero debe recordárselo constantemente para que sea una práctica regular. Cuando se hacen responsables entre sí, es más probable que fortalezcan su compromiso de hacer de la meditación una parte de su rutina.

5. Siga su progreso

Si prefiere comenzar o reiniciar su práctica diaria de meditación, le ayudará si mantiene un diario sobre el proceso. Al registrar o escribir sus pensamientos, estará más consciente y consciente de las cosas que pasan por su mente a medida que explora su ser interior. Mantener un diario también le permitirá revisar sus experiencias meses o incluso años después de haberlos escrito. Esto le ayudará a ver cuánto ha crecido y madurado desde que comenzó a meditar diariamente.

Capítulo 15: Tópicos Especiales

Mitos &Conceptos erróneos

Debido a su creciente popularidad y entrada a la cultura moderna y occidental, millones de personas en todo el mundo practican la meditación. Sin embargo, algunos no pueden acceder a los muchos beneficios de la meditación debido a los mitos y conceptos erróneos que prevalecen. Desafortunadamente estos errores solo desaniman a los demás. Esta sección trata de discutir los mitos ampliamente conocidos acerca de la meditación y le brinda datos y verdades.

La Meditación es una práctica religiosa

Asociada estrechamente con las religiones orientales y las prácticas esotéricas, la meditación casi siempre se conoce como una práctica espiritual. La mayoría de las personas que pertenecen a diferentes religiones del mundo, como el cristianismo, el islamismo y el judaísmo, pueden rechazar la práctica de meditar y pensar que es una práctica religiosa que puede violar sus creencias.

La meditación es, de hecho, una práctica espiritual para aquellos que aplican sus técnicas como una forma de expresar su espiritualidad. Sin embargo, la meditación se puede utilizar por razones más seculares, como el acceso a sus beneficios. Por ejemplo, la meditación es conocida por aliviar la ansiedad y proporcionar calma y relajación. Esto significa que aquellos que desean obtener estos beneficios pueden simplemente hacer los ejercicios de respiración, sentir aún la serenidad pero sin asociarlos necesariamente con ninguna práctica espiritual.

De hecho, el budismo, la religión más comúnmente asociada con la meditación, ni siquiera es una religión. El budismo es un estilo de vida completo y un conjunto de prácticas que no reflejan ningún requisito de adoración u obediencia a un ser divino. La meditación se puede utilizar tanto para expresar su espiritualidad como para calmar los nervios y relajarse durante todo el día.

La Meditación es difícil de hacer

Otro concepto erróneo es que la

meditación es una actividad difícil que solo pueden realizar quienes la estudian a largo plazo. Si bien hay algo de verdad en este mito porque algunas de las técnicas avanzadas de la práctica solo pueden ser realizadas por aquellos que han recibido años de educación y experiencia, la meditación no es necesariamente una actividad difícil de realizar. Los principiantes también pueden lograr los beneficios de la meditación, sin el entrenamiento riguroso que suelen realizar los monjes y gurús.

Como puede haber visto en las secciones anteriores, hay varios tipos diferentes de meditación y se están desarrollando más a medida que se presentan las necesidades. Algunos pueden ser realizadas solo por expertos, pero otros pueden ser realizadas por la persona promedio, que solo puede estar comenzando a meditar. La razón por la que se supone que la meditación es difícil es porque se piensa que la concentración debe lograrse.

La concentración o el enfoque son

realmente necesarios en la meditación, pero no debe permitir que la necesidad le presione. Esta es una de las primeras razones por las que los intentos de meditación terminan en un fracaso. Cuando intenta alcanzar un objetivo o alcanza un objetivo mientras está meditando, estará demasiado preocupado con el destino que no se da cuenta del viaje o en este caso de la práctica de la meditación. No se concentre en lograr algo o en obtener resultados. No sea demasiado consciente de estar sentado en la posición correcta, oler el aroma correcto o escuchar la música de fondo correcta, disfrute y simplemente esté en el proceso.

Los beneficios de lameditaciónsolo pueden será accesados luego de varios años

La meditación solo puede ser beneficiosa cuando la ha estado haciendo durante varios años. Este es otro mito que hace a las personas impacientes y terminan ignorando la meditación. La verdad es que hay beneficios a largo plazo, aquellos que se pueden lograr después de años de entrenamiento y beneficios inmediatos y que se pueden lograr después o incluso durante la meditación.

Por ejemplo, un beneficio a largo plazo es la autoconciencia y potencialmente, la iluminación cuando se dedica a la práctica. Otro ejemplo es un conjunto de beneficios a corto plazo. Por ejemplo, los estudios muestran que las personas que han practicado la meditación han llegado a reducir sus niveles de ansiedad y sentimientos de estrés en tan solo 2 meses de práctica. Un beneficio más inmediato es tan pronto como se sienta, comienza a sentirse relajado, más consciente y más en paz consigo mismo.

Debido a que la meditación a menudo se describe como realizada en largos períodos de tiempo, a menudo se asume que la meditación requiere demasiadas horas de su día. Esto hace que sea una elección muy difícil, especialmente para las personas que tienen poco tiempo tanto en casa como en el trabajo. La verdad es que la meditación se puede hacer en un lapso de años sin parar y en un lapso de tan solo 5 minutos. La meditación se puede hacer cuando camina a su oficina, come su almuerzo e incluso se relaja en un parque. Puede dedicar varias horas a unos pocos minutos a la práctica.

La Meditaciónno cura

Otro mito es que la meditación es una forma o curandero médico que no proporciona beneficios reales para el cuerpo físico. La verdad es que algunos médicos ya están prescribiendo la meditación a sus pacientes debido a su contribución al tratamiento del estrés. Uno de los principales desencadenantes de las enfermedades modernas hoy en día es el estrés. Estos factores de estrés tienen una forma de manifestarse en el mundo físico a través de dolores corporales y quejas. La meditación es una de las mejores herramientas para combatir el estrés.

Por supuesto, también es importante gestionar sus expectativas de meditación. No es una actividad milagrosa que puede resolver todas las preocupaciones, ansiedades y problemas de la vida. No puede reemplazar ninguna solución médica actual que esté tomando y sustituirla con meditación. Tampoco es un medicamento milagroso que cuando termine automáticamente resolverá sus problemas de salud.

Tampoco todos tienen el mismo viaje con la meditación. Por ejemplo, algunos pueden tardar algunos meses en comprender y practicar sus técnicas con éxito, mientras que otros pueden llevar años o incluso décadas de práctica. No significa que uno de sus compañeros meditadores haya estado cosechando los beneficios de la meditación y usted no. Incluso si ha comenzado al mismo tiempo, entonces no significa que haya fracasado. La meditación es un viaje personal.

La Meditación es otra formade hipnosis

Otro concepto erróneo con la meditación es que se equipara con la hipnosis. Debido a las características similares compartidas entre estas dos actividades, a menudo se asume que son una y la misma. Por ejemplo, tanto la meditación como el hipnotismo se basan en lograr una sensación de relajación para lograr sus respectivos objetivos. A veces, también hace uso de las mismas posiciones, como pararse o sentarse quieto. Sin embargo, es en estas dos características que terminan sus similitudes.

La hipnosis tiene que ver con el enfoque que necesita para llegar al subconsciente, alterarlo para que se puedan hacer cambios. Por ejemplo, si tienes fobia al agua, un hipnoterapeuta puede llevarle a un estado subconsciente y permitirle trabajar en el miedo a ese nivel para que su nivel consciente sea capaz de superar el miedo. La hipnosis lleva a la persona a su pasado, intenta abordar cualquier problema no resuelto de ese período para que ya no afecte el presente.

La meditación es diferente. En lugar del subconsciente, el practicante se enfoca en su conciencia interna, su alma y su corazón. En lugar del pasado, la meditación se centra solo en el presente y ni siquiera en el futuro. La meditación es todo sobre el ahora. En lugar de intentar cambiar el pasado, lo libera. También se cree que el pasado son solo recuerdos y no pueden controlar completamente a las personas. En lugar del enfoque clínico del hipnotismo, la meditación solo afirma y propaga el amor, la paz y la alegría.

Otro punto de contraste entre la meditación y la hipnosis es el objetivo. La hipnosis tiene un propósito, se hace con un objetivo. Está destinado a ser utilizado como terapia, una forma de romper hábitos o un método para cambiar el comportamiento negativo o mejorar el comportamiento positivo. Llena la mente del paciente con pensamientos y, a veces, bombardea con sugerencias. Por otro lado, la meditación puede ser todo lo contrario. No hay un objetivo y no son los medios para un fin, realizar la meditación es solo para el propósito de la meditación. Además, en lugar de llenar las mentes con pensamientos, la idea de la meditación es eliminar todos los pensamientos y distracciones. La mente debe ser desechada de todas las ideas para que esté preparada para la percepción y una mayor conciencia.

Quizás la razón por la que hay tantos

conceptos erróneos acerca de la meditación, aparte de la falta de información válida al respecto, se deba a las muchas variantes de la meditación. Tenga en cuenta que las técnicas de meditación pueden ser tan antiguas como la práctica en sí, pero también pueden ser tan nuevas como las que se desarrollaron en los tiempos modernos. Lo importante a tener en cuenta es que antes de dejar que una idea lo desanime de practicar la meditación, tómese un tiempo para investigar, validar y luego tomar una decisión. Deje que su experiencia de meditación decida si la prosigue o no, no permita que información errónea lo desanime a intentarlo.

Meditaciónpara Niños

La meditación no solo es accesible y beneficiosa para los adultos sino también para los niños. Puede parecer poco probable que los niños realicen, y mucho menos que necesiten, meditación. Sin embargo, los estudios muestran que los cambios en la cultura y la tecnología del mundo moderno dan como resultado un aumento de los niveles de ansiedad y estrés para los niños.

Una de las enfermedades más prevalentes que sufren los niños en el mundo actual es el TDAH (Trastorno por Deficit de Atención e Hiperactividad). Otra prueba de la aparición temprana de ansiedad es que se ha encontrado TDAH en niños de hasta 6 años de edad. Es esta misma enfermedad la que ha llevado a los médicos con capacitación occidental a incluir la meditación en el régimen de tratamiento de los niños con TDAH. La investigación muestra una marcada mejora de los niños con TDAH que utilizaron la meditación. Tienen mejores relaciones con sus padres, familiares y compañeros. Su confianza en sí mismo mejora. También hay casos en los que más de la mitad de los niños se volvieron más independientes de sus medicamentos y algunos dejaron de tomarlos por completo.

Cuando haya tomado la decisión de probar la meditación para sus hijos, es importante en primer lugar convencerlos de que prueben la meditación. Una de las mejores maneras de hacer esto es mostrarles que está meditando uno mismo. Los niños son muy impresionables e intentarán copiar a adultos o figuras adultas en sus vidas. Cuando le vean meditar, sentirán curiosidad y estarán más que interesados en probarlo ellos mismos. Considere la posibilidad de meditar temprano en la mañana y permita que se unan a usted por unos minutos de silencio.

Una vez que haya ganado su interés, comience a explicarles en términos simples pero comprensibles de qué se trata la meditación. Dígales que ha comenzado a usarlo debido a sus muchos beneficios y que le gustaría que también tuvieran esos beneficios. Anímelos pero no los obligue a intentarlo. La mayoría de los niños se lanzarán a la introducción de algo nuevo.

Una vez que haya obtenido su aprobación, ahora es el momento de presentarles las técnicas para principiantes en la meditación. Es importante comenzar con simples que sean amigables a sus edades. El ejercicio más simple que puede introducir es ejercicios de respiración simples. Al pedirles que no hagan nada más que sentarse y simplemente respirar, ya está creando una sensación de calma que es especialmente importante para los niños con TDAH.

Guíelos a lo largo de la meditación haciéndola con ellos y dándoles instrucciones en cada paso del camino. Por ejemplo, pídales que respiren lo más profundo que puedan. Luego pídales que aprieten los labios y que expiren lo más lentamente posible. Para los niños con TDAH, se dice que respirar a través de una fosa nasal y luego a través de otra mejora el equilibrio entre ambos lados de su cerebro.

Otro tipo de meditación que se puede hacer, divertido con los niños es el yoga. Elija posturas interesantes con ellos para mantener su atención enfocada en la actividad. Una de las más adecuadas es la pose de saludo al sol. Ayúdelos a alcanzar las posiciones comenzando con ellos de pie, con los pies juntos y las palmas en posición de oración. Respire hondo mientras esté en esa postura.

Al inhalar, levante las manos hacia el cielo y al exhalar, pídales que alcancen sus pies. Si no pueden alcanzar, permítales llegar tan lejos como puedan sin forzarlos. Inhale de nuevo, pero ahora tome la postura ecuestre. Puede hacerlo doblando la rodilla izquierda y luego extendiendo la pierna derecha hasta la espalda. Levante sus manos. Expire de nuevo mientras toma la postura de la montaña, que es hiperextendiendo sus nalgas con los pies en el suelo y los brazos en el suelo también creando una forma de V invertida.

Luego, pídales que se recuesten sobre su pecho, pero que soporten su peso con las palmas y las piernas mientras caminan de puntillas. Levante sus nalgas y la cabeza, deben estar de espaldas al piso. Inhale y exhale durante tres respiraciones en esta postura. Ahora baje la cintura hasta que toda la parte inferior del cuerpo toque el suelo, pero con el pecho levantado y las palmas apoyadas en el suelo. Esto se llama la postura de la cobra y se realiza con la inhalación. Exhale nuevamente usando la forma de V invertida nuevamente hasta que trabaje en reversa, desde la ecuestre, de las manos a los pies, de las manos al cielo hasta que vuelva a estar en su posición original.

Otra técnica de meditación que puede ser usada es la visualización. Es mejor hacerla con ellos justo antes de la hora de acostarse en sus camas. Para relajarlos, pidales que cierren sus ojos y guie sus pensamientos con sus palabras. Pinten un cuadro de algo calmo, como un lago que está quieto con vientos susurrando a través de las hojas y el pasto suavementebalanceado con el viento. Usted puede cambiar las visuales así como ustedlo considere necesarioy apropiadohacia las preferencias de los niños.

Los mantras pueden ser utilizados también con los niños. Para los niños, ellos no deberán pensar en los mantras como son pero como canciones que ellos están cantando. Sin embargo, usted puede guiarlos con el uso de los mantras escogiendo diferentespalabras que mejor se ajusten a su objetivo para ellos de relajación. Om es uno de los mejores mantras iniciadoresque inclusive los niños pueden usar. No controlea sus niños diciendoles una forma de pronunciar la palabra, déjelos jugar alrededor con el mantra. Otras técnicas pueden ser usadas con ellos, tales como enfocarse en un objetoy otrastécnicasque ellosquieran intentarque sean seguras pero también beneficiosasparaellos.

Por supuesto, a los niños se les debe dar su propio espacio de meditación. Esto no es solo algo que les da a ellos diversión, tener su propio*nook*(rincón o ángulo) para intentar lameditación, pero también les da una asociación importante. Esteespacioestará muy asociadocon la calmay serenidadque lameditaciónpuede proveer. Cuando ellos estén en su espacio, ellos se sentirán en el mismo estado porque ellosse habrán acostumbrado al espacio como un lugar para la calma.

Usted puede utilizar este espacio por ejemplo cuando haya un episodio de ansiedadyentonces usted puede llevarlos a ese espacio para crear un efecto calmante.

Meditación Guiada

La meditación guiada se aplica cuando los profesionales prefieren ser dirigidos por un maestro o un experto durante su meditación. Tome en cuenta que tanto los principiantes como los meditadores expertos usan la meditación guiada. Esto implica una guía que le da instrucciones con una voz suave y relajante. Le proporciona indicaciones sobre cómo pensar, en qué concentrarse y qué patrón de respiración debe tomar. Los guías también pueden brindarle mantras y señales visuales para ayudarle a repasar su meditación.

Este tipo de meditación es especialmente útil para los nuevos practicantes que aún tienen experiencia limitada en la práctica. Por ejemplo, si es un principiante y su mente comienza a vagar hacia otro conjunto de pensamientos aleatorios diferentes, un guía puede ayudarle a regresar al camino de la meditación sin requerir demasiado esfuerzo en su final. Además, los guías tienen el beneficio de la experiencia de su lado, que le proporcionará muchas lecciones que puede aplicar más adelante cuando decida realizar la meditación usted mismo.

A continuación se muestra un ejemplo de guión de meditación guiada que puede leer por su cuenta para ayudarlo durante su proceso de meditación. Cada uno tiene distintos propósitos:

Guía de Respiración

Empecemos. Durante este ejercicio de respiración, se le hace consciente del poder de su respiración. Siga mis palabras para guiarle sobre cómo respirar.

Inhale por 4 segundos y mantenga la respiración por 3 segundos y exhale por 5 segundos.

Inhala 1, 2, 3 y 4

Aguanta la respiración en 1, 2 y 3

Exhalar en 1, 2, 3, 4 y 5

Repita este modelo de respiración de 4 a 5

veces.

Respire lentamente, no se apure con el patrón. Tómese su tiempo y experimente cada respiración que tome. Si tiene dificultades para mantener el patrón, ajústelo a una duración menor y avance gradualmente hasta el número de recuentos objetivo.

A medida que se familiarice con el patrón de respiración, debe cambiar su enfoque de contar a ser realmente consciente del camino que toma su respiración cuando el aire entra y sale de su cuerpo. Comience sintiendo la forma en que el aire entra en su cuerpo a través de sus fosas nasales. Sienta como entra en sus fosas nasales y hasta su garganta.

A medida que llega a la garganta, sienta cómo pasa a su tráquea y cada vez más profundo en su cuerpo. La respiración descenderá hacia varios pasajes, comience con vasos grandes y progrese hacia unos más estrechos y más estrechos hasta que llegue a sus pulmones.

Sienta como los pulmones se expanden a medida que se llenan con el aire. Sienta como sus hombros se levantan para acomodar la expansión de los pulmones. Sienta como su diafragma baja para proporcionar más espacio. Cuando sus pulmones están en su máxima expansión, sienta la tensión momentánea de contener la respiración.

Ahora exhale. El aire ahora dejará sus pulmones y se moverá hacia arriba hacia su boca. Volverá a través de su garganta y luego a su boca y finalmente a través de sus labios. Cuando monte sus labios, sienta cómo el aire sale lentamente de sus labios. Repita el ciclo de nuevo.

Cuando tenga una idea del patrón, observe cómo las respiraciones crean un conjunto repetitivo de ondas que resultan en una calma lenta y predecible. Sienta la inhalación, la pausa y la exhalación. Sienta como corre por el resto de tu cuerpo. Sienta la calma durante esos breves momentos entre inhalación y exhalación.

Al salir del estado meditativo, no se levante todavía. En su lugar, sienta la relajación que ha logrado. Vea cómo su patrón de respiración se ha vuelto más regular, más controlado y mejor que nunca. Cuando haya disfrutado por completo de los efectos inmediatos del patrón de respiración, cuente hasta 5. 1, 2, 3, 4 y 5. Ahora levántese y comience el día, tranquilo y relajado pero con total control de su conciencia por el resto deldía.

Para una colección de guiones de meditación para una variedad de objetivos.
La meditación guiada también es una oportunidad donde la meditación antigua se cruza con la tecnología moderna. Tradicionalmente, la meditación guiada es realizada por un experto o un maestro que luego organiza una sesión de meditación grupal en un templo o en una instalación de meditación. Sin embargo, las demandas a su tiempo y la atención de los diferentes compromisos pueden dificultar la visita de estos templos. Como resultado, las guías grabadas están disponibles. Estos son archivos de audio que graban la voz de su guía y luego puede reproducirlos por su

cuenta, en la comodidad de su hogar, para que pueda tener esta experiencia guiada de meditación.

Cada uno de los archivos de audio de meditación suele clasificarse en los objetivos que pretenden cumplir. Algunos son muy generales y le proporcionan una guía sobre cómo relajarse, ser consciente o simplemente lograr un estado meditativo. Algunos son más específicos, como la curación, el cultivo de emociones, la relación y el logro de estados superiores de conciencia.

Hay archivos también que hacen uso de otras técnicas, como la visualización guiada. En este archivo, el guía proporciona indicaciones específicas que le permiten desarrollar la imagen del pensamiento real que está tratando de construir. Por ejemplo, puede elegir un archivo que lo guíe para pintar paisajes que sean tranquilos y relajantes. Puede ser el de un paisaje tranquilo o una cascada serena. Es mejor reproducir estos archivos en un conjunto de altavoces a un volumen bajo en lugar de usar auriculares. Debe ser lo más libre para moverse con su cuerpo y los cables solo pueden obstaculizar su movimiento.

Grupo deMeditación

Una de las técnicas en crecimiento hoy en día en el mundo moderno es la aplicación de la meditación en un entorno grupal. Tenga en cuenta que esto no es un fenómeno nuevo. De hecho, el grupo de meditación ha estado en práctica durante miles de años y fue impartido por los primeros maestros que fueron enseñados simultáneamente por el mismo Buda.

La meditación es precisamente una cuestión de explorar el yo y aumentar la conciencia. Sin embargo, todavía hay beneficios que se pueden obtener al realizar la actividad con un grupo en lugar de hacerlo solo. El primer grupo de meditación le permite ampliar sus intenciones cuando lo hace con aquellos que comparten el mismo objetivo para su meditación. Se cree que cuando más de una persona se reúne con una intención similar, los cambios mejoran. Segundo, también fortalece su conexión con otros practicantes.

Una ventaja muy importante de la meditación grupal es que puede beneficiarse del intercambio de experiencias y mejores prácticas aprendidas por otros. Si bien cada uno de ustedes puede tener caminos personales en su viaje en meditación, hay algunos pasos que pueden compartirse. En lugar de tener que aprenderlo por si mismo, puede aprovecharse de aquellos que vinieron antes que usted. Además de estar en la compañía saludable de aquellos que comparten el mismo interés que usted, le hace reverberar las emociones positivas que sienten los miembros del grupo. Los meditadores de grupo se sienten menos solos y se sienten más motivados cuando emprenden el viaje con otras personas.

Otros beneficios incluyen la sensación de interacción física y cara y cara que no se puede lograr con solo meditación. Puedes compartir historias sobre su viaje o dar testimonios sobre cómo lo hizo funcionar y cómo otros pueden ayudarle en sus desafíos de meditación. Puede sentir y crear conexiones reales con personas de ideas afines. Otro efecto importante de la meditación grupal es que puede crear un grupo de apoyo que le puede guiar de vuelta al camino. Esto es importante para que esté motivado a seguir su meditación.

También están disponibles los comentarios si participa en grupos de meditación. Es común que meditadores de diferentes niveles de experiencia se unan en un grupo con novatos. Usted puede beneficiarse de su conocimiento y experiencia. Aproveche la sesión haciendo algunas preguntas que no puede responder en su propio estudio de la práctica.

Finalmente, aunque todavía no se ha probado, existe lo que se llama el efecto de onda. Los estudios sugieren que cuando un grupo de meditadores practica, hay ondas de vibraciones que se emiten y amplifican a medida que pasan de una persona a otra y al resto del grupo. Se realizó un estudio a gran escala en un área en Inglaterra. La comunidad realizó meditación grupal y en otra área, no se practicó meditación. La tasa de criminalidad de los no meditadores se mantuvo igual, pero la tasa de quienes meditaban disminuyó.

Hay varios lugares donde la meditación grupal puede ser un potencial. Aparte de un templo, algo tan accesible como su hogar puede albergar al grupo. También puede alquilar un estudio o incluso un rincón tranquilo en el parque puede ser adecuado para sus necesidades de meditación.

Comenzar un grupo de meditación es fácil. No tiene que comenzar en grande y, con frecuencia, los primeros miembros del grupo serán familiares y amigos cercanos. Encuentre un horario conveniente donde todos estén disponibles y nadie se vea presionado por compromisos o tareas urgentes. Prepare el lugar para su meditación, a veces, el piso es más que suficiente. Puede solicitar a sus invitados que traigan sus mats, si no tiene suficientes.

Hoy en día, puede hacer uso de la tecnología solo para coordinar ejercicios de meditación grupal. Por ejemplo, puede usar estos sitios para ubicar el host de meditación grupal más cercano en su área o puede anunciar que está hospedando uno. También puede fijar un evento de Facebook o Google para invitar a que la bola empiece a rodar. Meetup es un sitio popular que hace la coordinación por usted.

Asegúrese de aprovechar los beneficios de la meditación grupal al aprender de la experiencia de sus colegas y compañeros practicantes. Además, recuerde que, dado que también forma parte del grupo, muestre gratitud a quienes le enseñaron, transfiriendo el conocimiento que transmitieron. Al pagarlo de vuelta, puede cultivar más energías positivas, compasión y empatía hacia los demás. Esto no es solo de lo que se trata la meditación grupal sino también de la meditación en general.

Conclusión

Ahora que está familiarizado con los principios básicos de la meditación y ha aprendido acerca de las diferentes formas en que podría meditar, lo aliento a que aplique estos pasos y continúe su viaje para tener una mayor capacidad de resistencia al estrés y conocer su verdadero ser interior.

Recuerde que una de las mejores maneras de profundizar su práctica de meditación es participando en ella, independientemente de si se siente estresado o no. A medida que amplíe y profundice su práctica de meditación, experimentará cómo puede ayudarlo a tener una vida más feliz y saludable. Como puede ver, la meditación puede mejorar significativamente no solo su salud física, sino también su salud emocional y mental. Con la meditación, puede liberarse de sus adicciones o antojos, ser más resistente al estrés, tener un sueño más profundo y un mejor estado de ánimo. Si quiere vivir con una nueva y mejor perspectiva, ahora sería un buen momento para encontrar un lugar tranquilo, ponerse cómodo y comenzar a crear el hábito de la meditación.

Como un artista hambriento con una determinación insaciable de ganarse la vida compartiendo estrategias que tienen el potencial de cambiar una vida, espero usted pueda encontrar algo de valor dentro de este libro. Trabajar para hacer una carrera a tiempo completo con esto nunca ha sido fácil y admito que me desanimo en los momentos en que me siento abrumado por todo lo que me propuse lograr. Pero luego recuerdo que aprender y transmitir mi amor por la espiritualidad y el potencial me da un entusiasmo renovado por la vida. Es por lo que creo que estoy aquí.

Estoy abierto a escuchar sus pensamientos y si usted fuera lo suficientemente amable, me encantaría saber su opinión honesta sobre mi trabajo. Ya sea que lo ame, que le disguste, o que se sienta indiferente, escuchar lo que tiene que decir solo me puede ayudar a mejorar mis esfuerzos cada vez. Y, lo que es más importante, hará que mi contenido sea una experiencia más agradable y enriquecedora para los lectores.

www.ingramcontent.com/pod-product-compliance
Lightning Source LLC
Chambersburg PA
CBHW072013070526
44583CB00015B/1467